[Redação: qualidade na comunicação escrita]

Laine de Andrade e Silva

Redação:
qualidade na comunicação escrita

EDITORA
intersaberes

EDITORA intersaberes

Rua Clara Vendramin, 58 · Mossunguê · CEP 81200-170 · Curitiba · PR · Brasil
Fone: (41) 2106-4170 · www.intersaberes.com · editora@editoraintersaberes.com.br

Conselho editorial • Dr. Ivo José Both (presidente);

Dra. Elena Godoy; Dr. Nelson Luís Dias;

Dr. Neri dos Santos; Dr. Ulf Gregor Baranow

Editora-chefe • Lindsay Azambuja

Supervisora editorial • Ariadne Nunes Wenger

Analista editorial • Ariel Martins

Projeto gráfico • Raphael Bernadelli

Análise de informação • Jerusa Piccolo

Revisão de texto • Schirley H. de Gois Hartmann

Capa • Denis Kaio Tanaami

Diagramação • Regiane Rosa

Dados Internacionais de Catalogação na Publicação (CIP)
(Câmara Brasileira do Livro, SP, Brasil)

Silva, Laine de Andrade e
Redação: qualidade na comunicação escrita / Laine de Andrade e Silva. – Curitiba: InterSaberes, 2012.

Bibliografia.
ISBN 978-85-8212-005-7

1. Correspondência comercial. 2. Redação de cartas. 3. Redação oficial. I. Título.

12-07572   CDD 651.75

Índices para catálogo sistemático:
1. Redação: Comunicação escrita 651.75

1ª edição, 2012.

Foi feito o depósito legal.

Informamos que é de inteira responsabilidade da autora a emissão de conceitos.

Nenhuma parte desta publicação poderá ser reproduzida por qualquer meio ou forma sem a prévia autorização da Editora InterSaberes.

A violação dos direitos autorais é crime estabelecido na Lei n. 9.610/1998 e punido pelo art. 184 do Código Penal.

***

apresentação

***

Redigir bons textos gera ótimos resultados no meio profissional. Com este livro, pretendemos capacitá-lo nesse sentido. Trata-se de um guia prático que busca atender às necessidades de quem precisa valer-se com eficiência da escrita no mundo do trabalho.

Assim, esta obra traz explicações, dicas e exemplos de cartas, relatórios, entre outros tipos de correspondências comerciais. Busca também desvendar os mistérios que rondam a língua portuguesa e conferem a uma parcela significativa de seus falantes a impressão de que não conseguem usá-la de forma adequada.

Procuramos nos utilizar de uma linguagem simples e direta. Estabelecendo o diálogo com o leitor, objetivamos facilitar o entendimento dos conteúdos e das técnicas apresentadas em um material de fácil leitura e passível de ser colocado em prática.

sumário
* * *

um a comunicação 12

dois redação comercial 36

três carta comercial 52

quatro ata 66

cinco memorando, nota promissória e convocação 80

seis ofício, requerimento e procuração 94

sete relatório e mala direta 108

oito fac-símile (fax), aviso, circular e contrato 128

nove *e-mail* e telegrama 142

dez ordem de serviço e protocolo 154

Bibliografia complementar 172

Referências 174

Respostas 176

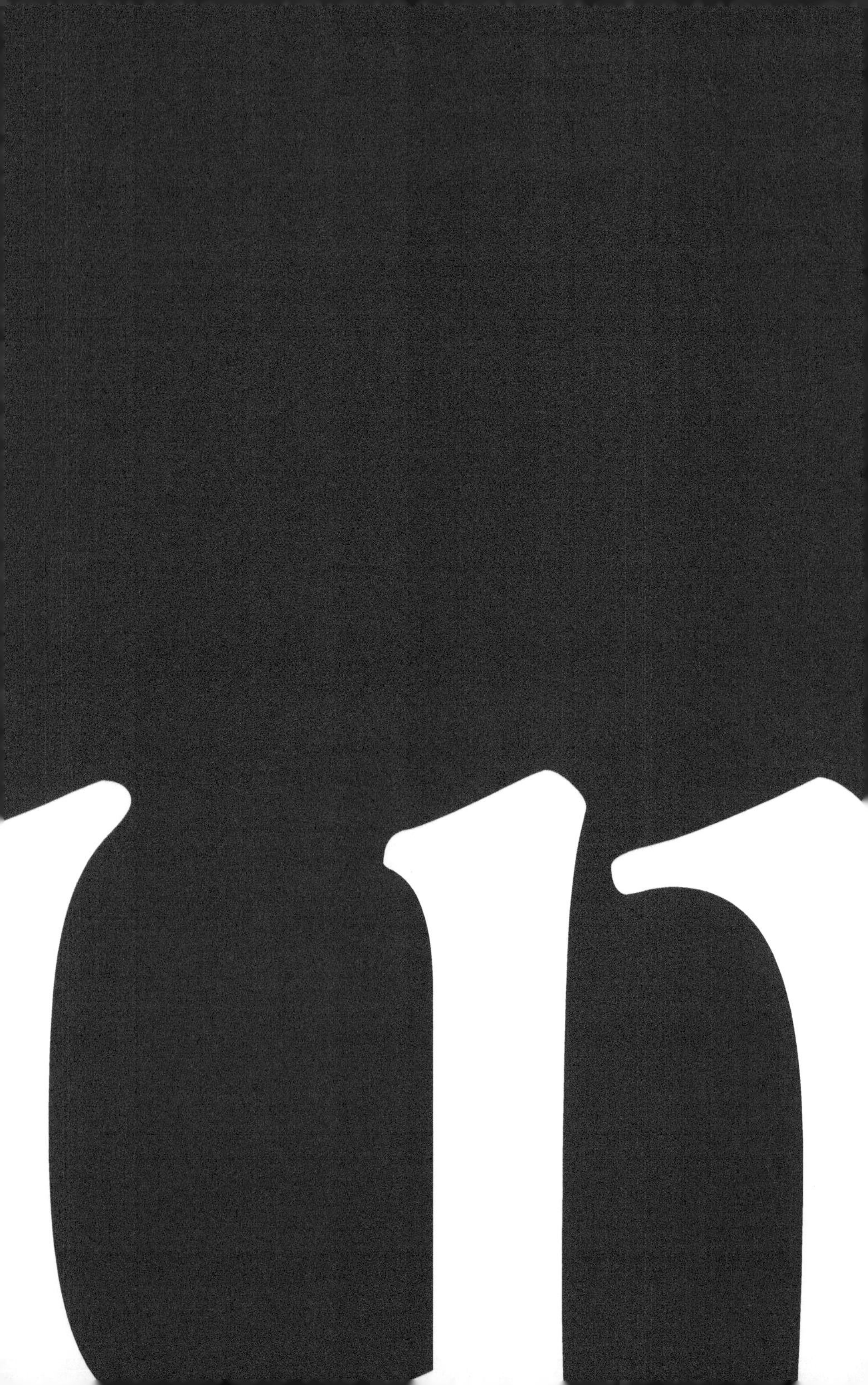

a comunicação
***

Inicialmente, devemos nos perguntar: O que é comunicação? Qual é a utilidade dela em nossa vida, não apenas profissional, mas em todas as outras áreas em que atuamos? Por que nos comunicamos?

As respostas para essas perguntas são fáceis, mas exigem de nós uma reflexão um pouco mais profunda. É preciso que tenhamos consciência do quanto nos comunicamos, ainda que sem perceber.

Comunicar significa trocar opiniões. Para que ela exista, é preciso que haja interação, troca de mensagens. Quando alguns animais emitem sons e assumem determinadas posturas corporais, dizemos que eles estão se comunicando. Porém, os estudos sobre comunicação animal nos indicam que ela é desprovida de consciência, ou seja, não se trata de uma emissão de opiniões, apesar de a considerarmos uma forma rudimentar de comunicação. Podemos dizer que essa capacidade dos animais está relacionada à sobrevivência das espécies. O mesmo não ocorre com os seres humanos, que têm consciência de que se comunicam entre si e de por que isso ocorre. Eles não se comunicam no vazio, pois há um contexto ou realidade em que as mensagens são produzidas.

É importante ressaltar que, apesar de a comunicação entre os seres humanos ser consciente, ela pode ocorrer sem que percebamos. Isso não é difícil entender. Quantas vezes você, por meio do seu corpo, passou mensagens de forma não intencional? Ou até mesmo pelas roupas que vestia? Como você pode notar, é praticamente impossível que não nos comuniquemos. Portanto, devemos ter cuidados com nosso tom de voz, com as roupas que usamos, olhares etc. Até mesmo o silêncio comunica algo. Não devemos esquecer que vivemos em sociedade e que cada pessoa faz a leitura do real de acordo com sua visão de mundo.

O homem é um ser social, ou seja, vive em grupos e necessita se relacionar com os seus membros, interagindo com eles. A comunicação faz parte da essência do ser humano e é considerada uma das nossas principais características como espécie.

Vamos agora falar um pouco sobre a **linguagem**. Segundo Émile Benveniste[1], ela é um conjunto socializado de signos (algo que representa alguma coisa para alguém). Falar sobre os signos não é tão simples, mas vamos tentar facilitar a sua

---

[1] BENVENISTE, Émile. **Problemas de linguística geral I**. 3. ed. São Paulo: Pontes, 1991.

compreensão. Quando vemos algo novo, perguntamos: **o que significa isto?** Esta significação é o que chamamos de **produção social de sentido**. Logo, podemos dizer que os signos são "coisas" que percebemos e que nos fazem pensar em outras "coisas". Segundo Saussure[2], um importante linguista, toda palavra é um signo, ou seja, um **signo linguístico**, que é uma entidade formada pela união de um significado (um conceito) e de um significante (uma forma sonora ou imagem acústica). Por exemplo, a palavra **mesa** é um signo linguístico que associa o conceito de mesa com a imagem sonora /mesa/. Pode parecer complicado a princípio, mas não é.

A palavra **linguagem** possui uma variedade de significações. Quando a ouvimos, podemos pensar em várias expressões: **linguagem popular, linguagem musical, linguagem oral** etc. A linguagem está sempre relacionada a fenômenos comunicativos. Onde há **comunicação**, há **linguagem**. Portanto, utilizamos a fala para transmitir pensamentos, pois a linguagem existe porque pensamos. Logo, podemos dizer que a **linguagem** é um processo de **comunicação** de uma **mensagem** entre pelo menos duas pessoas, sendo uma o **emissor** e a outra o **receptor**. Vamos agora aprender um pouco mais sobre a retórica, considerada a arte do discurso, ou seja, da fala.

Retórica

Você sabe o que é retórica? É bem possível que você tenha ouvido falar dessa palavra alguma vez na vida. A retórica é a arte de bem falar. Alguns autores afirmam que ela está

---

[2] SAUSSURE, Ferdinand de. **Curso de linguística geral**. 20 ed. São Paulo: Cultrix, 1997.

sem prestígio atualmente, mas não podemos concordar com isso.

Como estamos falando em técnicas de comunicação, nada mais apropriado do que aprofundarmos nossos conhecimentos sobre comunicação oral, pois falamos muito mais do que escrevemos.

Algumas pessoas pensam que a retórica é apenas uma técnica de ornamentação do discurso, mas ela vai além disso. Ela é bem mais antiga do que você possa imaginar, pois é anterior à Era Cristã (século V a.C.). Até o século XIX, ela realmente consistia em técnicas ornamentais do discurso, isto é, em "enfeitar" os discursos de filósofos e políticos, que usavam exageradamente as figuras de linguagem. A retórica renasceu com força total no século XX. A partir dos anos 1960, passa a despertar interesse de vários segmentos da sociedade, em especial dos publicitários, e passa a ser vista como uma ferramenta poderosa de persuasão e de convencimento dos consumidores.

Organização do discurso

A retórica ensina como organizar o discurso verbal e, para isso, faz distinção entre os vários momentos que o compõem. Num primeiro momento, o objetivo é saber o que se vai dizer (argumentos); num segundo momento, ordenar os argumentos tendo em vista a finalidade do discurso (emocionar, demonstrar, informar, convencer etc.). Resumindo, é necessário elaborar um plano e cuidar da confecção do começo ao fim do discurso. O terceiro momento consiste na definição do modo de apresentação do discurso. E, por último, chega-se ao discurso propriamente dito, ou seja, falar o discurso, usando os gestos e a fala.

É importante lembrar que a linguagem é usada para que possamos atingir um objetivo, pois sabemos que não há comunicação neutra, ou seja, há sempre um contexto, uma necessidade, uma situação determinando o que dizemos e como dizemos. Estamos nos referindo aqui às **funções da linguagem**. Aplicá-las em nossos textos, sejam orais, sejam escritos, ajuda-nos a produzi-los com maior comunicabilidade e eficiência.

São seis as funções da linguagem, comentadas a seguir.

- **Referencial ou denotativa**: trata-se de textos dotados de objetividade, pois buscam traduzir a realidade exterior ao emissor, informando com o máximo de clareza possível. A ênfase é dada ao conteúdo, ou seja, às informações veiculadas pela mensagem. Encontramos essa função na maioria dos textos jornalísticos, porque a intenção neles é fazer o relato de fatos verdadeiros. Nos textos científicos também predomina essa função.

- **Função emotiva ou expressiva**: identificamos essa função quando desejamos expressar nossas opiniões, emoções ou sentimentos sobre determinado assunto. Sempre que o emissor ou destinador de uma mensagem, escrita ou falada, revelar sua personalidade, dizemos que ele está se valendo da linguagem emotiva ou expressiva, que é centralizada no emissor. Por isso, quando a usamos, prevalece a primeira pessoa do singular.

- **Conativa ou apelativa**: essa função ocorre quando o emissor tem por objetivo influenciar o comportamento do receptor, ou seja, seu uso está orientado ao destinatário. Usamos, para tanto, uma ordem, uma invocação, uma súplica etc. As propagandas veiculadas são ótimos exemplos desse tipo de linguagem.

- **Função fática**: podemos caracterizar essa função pela vontade que temos de nos comunicar, ou seja, o seu foco está no contato. Ocorre quando o canal é posto em destaque. Portanto, não há nenhum interesse em informar algo, mas em testar o canal que usamos para observar se o receptor entendeu a mensagem.

- **Função metalinguística**: o centro dessa função está no código utilizado, isto é, trata-se de uma reflexão acerca do próprio código linguístico. Predomina, pois, o uso de conceitos e definições sobre esse código. Os dicionários são exemplos de textos em que há o predomínio dessa função.

- **Função poética**: ao contrário do que muitos podem supor, essa função da linguagem não se restringe apenas à poesia. Apesar de ela ser mais comum no texto poético, pode aparecer em qualquer tipo de mensagem linguística. Ela está centrada na mensagem, ou seja, no sentido do que queremos transmitir ao receptor.

Pelo que vimos até aqui, fica mais fácil entender a importância da retórica, pois há uma estreita relação entre ela e as técnicas de comunicação. É preciso ressaltar que a retórica não é apenas "receita para se falar bonito", mas sim um conhecimento para aperfeiçoar o uso da linguagem.

Agora, falaremos um pouco mais sobre a **modalidade escrita**, pois entendemos que seja esse tipo de comunicação o que mais nos preocupa e até amedronta. Você verá que não há tanta dificuldade assim. Além do mais, sabemos que a fala precede a escrita, embora não possamos escrever como falamos.

Língua escrita e língua falada

Para que o emissor e o receptor de uma mensagem possam se entender, é necessário que haja um código entre eles, o qual pode ser gestual, visual, falado, escrito etc. Dentre tantos códigos comunicativos existentes, a língua é o mais importante, pois seu uso é generalizado nos diversos grupos sociais. Quando falamos, fazemos uso dessa **língua comunitária**. Porém, há diferença entre a **língua falada** e a **língua escrita**. A língua falada é mais espontânea, mais solta e mais natural. Quando falamos, usamos também nosso corpo e a própria entonação da voz como elementos no processo comunicativo. A língua escrita é um código mais elaborado e não é uma representação da língua falada. Usamos as regras gramaticais como elementos desse processo comunicativo. Consegue perceber a diferença entre essas duas modalidades linguísticas?

Para que escrevemos?

A escrita faz parte de nossa vida. Ela existe há centenas de anos, e é por intermédio dela que conhecemos o passado e que as gerações futuras saberão sobre nós. Escrevemos para nos comunicar e deixar essa comunicação registrada. A escrita é tão importante que, durante séculos, apenas uma parcela ínfima da sociedade tinha acesso à sua aprendizagem. Era uma questão de segurança política e religiosa. Mesmo depois que Gutenberg, no final da Idade Média, inventou a imprensa, a escrita continuou sendo acessível a poucos. Hoje, ela está mais socializada, mas muitos ainda não sabem ler ou escrever.

Portanto, vamos nos aprofundar um pouco mais nos mistérios da escrita e deixar nossas marcas para o futuro.

Redação

O que é uma redação? Tenho certeza de que a resposta "está na ponta da língua". É claro que você acertou! Redação é um texto. Mas o que é um texto? De maneira bem simples, texto é uma unidade linguística completa, que pode ser percebida pela audição (por meio da fala) ou pela visão. Todo texto tem uma intencionalidade comunicativa e, para que a comunicação exista, é preciso que ele (texto) tenha sentido. Logo, todo texto é uma unidade linguística com sentido.

Como redigir

O que é necessário para escrever um bom texto, isto é, um texto com qualidade? É necessário que nosso pensamento se desenvolva coerentemente, com clareza, para que possamos comunicar nossas ideias de forma convincente para quem lê. Precisamos, portanto, organizar e estruturar nossas ideias.

Muitas pessoas têm ideias, mas não conseguem passá-las para o papel. Poderíamos enumerar vários fatores que ocasionam esse "branco" nos momentos em que temos de produzir um texto. Há pessoas que afirmam necessitar de tempo e de silêncio para escrever. Sabemos que temos dificuldades em organizar nossas ideias de forma linear, mas também temos conhecimento de que o pensamento humano não é absolutamente exato. Ocorre que, ao falarmos, temos, na maioria das vezes, o interlocutor próximo de nós. Se algo ficou confuso, podemos mudar o nosso discurso. Isso não ocorre quando escrevemos e, por esse motivo, temos de organizar nossas ideias linearmente.

Apesar de termos a capacidade de questionar, o que nos possibilita repensar, reestruturar, refazer e aperfeiçoar nossas ideias, ainda temos dificuldades para expressá-las. Essa dificuldade, de maneira geral, ocorre porque:

- não temos informações e dados necessários acerca de um assunto para desenvolver nossas ideias. É o que chamamos de "leitura de mundo";
- nossa capacidade de pensar não é explorada na sua plenitude.

Tanto pensar quanto redigir requer prática, pois ninguém nasce sabendo. Somos seres sociais e nos comunicamos, mas precisamos aperfeiçoar técnicas que facilitam nosso processo comunicacional por meio da escrita. A leitura pode ajudar bastante na obtenção de informações novas, alimentando nosso pensamento com dados novos. No entanto, é importante dizer que ler não se restringe a decodificar signos linguísticos. Temos de entender, isto é, pensar o que lemos. Se assim não fizermos, não estaremos lendo. Porém, apenas ler não é o suficiente, pois não se aprende a escrever lendo, mas escrevendo.

Vamos conhecer quais são os tipos de textos que existem. Invariavelmente, os textos podem ser classificados em três grupos básicos: **descritivos**, **narrativos** e **dissertativos**. Mesmo que mudemos o gênero do texto, isto é, que produzamos um texto jornalístico, literário etc., todos eles terão como base esses três tipos de textos. É importante lembrar que todos os textos devem ter **introdução**, **desenvolvimento** e **conclusão**, pois são esses elementos que tornarão possível a expressão de nossos pensamentos e ideias de forma linear.

Texto descritivo

É o texto que mostra as características de determinado objeto, pessoa, paisagem ou ambiente. Portanto, descrever é representar verbalmente um objeto, uma pessoa, um lugar, mediante a indicação de aspectos característicos, de pormenores individualizantes. A descrição requer observação cuidadosa, para tornar identificável para o leitor o elemento que vai ser descrito. Podemos dizer que esse tipo de texto exige que usemos nossos sentidos (audição, olfato, tato, visão e paladar). Logo, não é difícil redigir um texto descritivo. Veja o exemplo abaixo:

Meu grande amor

Conheci a pessoa que tanto busquei ao longo da minha vida. Ari tem todas as características que sempre me atraíram. Ele é um homem de bom coração, além de ser muito bonito. Seus olhos são claros como um dia de sol e seus cabelos, negros como a noite. Seu sorriso é de uma luminosidade de fazer inveja ao sol. Seu corpo é macio e seu olhar hipnotizante. Ele é o homem perfeito para mim.

Texto narrativo

Narrar é contar uma história, real ou fictícia, envolvendo personagens e fatos ocorridos, ou imaginados, em determinado lugar. As histórias podem ser narradas em primeira pessoa, quando o narrador (quem narra os fatos, narrador personagem) participar do acontecimento narrado, ou na terceira pessoa, quando o narrador for apenas um observador do fato narrado. Esse tipo de texto é muito usado na redação comercial. Vamos agora conhecer os elementos básicos da narrativa. São eles:

- **fato** – o que se vai narrar (O quê?)
- **tempo** – quando o fato ocorreu (Quando?)
- **lugar** – onde o fato se deu (Onde?)
- **personagens** – quem participou ou observou o fato (Com quem?)
- **causa** – motivo que determinou o fato (Por quê?)
- **modo** – como se deu o fato (Como?)
- **consequências** – geralmente o fato provoca determinado desfecho.

Quando narramos fatos, podemos fazer uso do que chamamos de **discurso direto** – o narrador transcreve as palavras da própria personagem, exatamente como elas ocorreram. Para usar esse tipo de discurso, temos à disposição elementos gráficos, como travessão, dois-pontos e aspas, que deixam claro ao leitor quem diz o quê.

Exemplo:

O professor chamou o aluno e perguntou:

— Você fez a tarefa, Carlos?

No **discurso indireto**, as palavras das personagens são apresentadas por meio do narrador, ou seja, são ditas por ele, que sintetiza o que ouviu, podendo suprimir ou modificar o que achar necessário. Nesse tipo de discurso, não há necessidade de usar os elementos gráficos. Em outras palavras, o narrador conta como e o que as personagens falaram.

Exemplo:

O professor perguntou ao Carlos se ele havia feito a tarefa.

Como você notou, esse tipo de texto não é difícil de redigir, além de ser muito comum, principalmente na fala. Para que você não tenha dúvidas, vamos mostrar mais um exemplo. Observe:

Uma noite inesquecível

O dia 23 de setembro de 2000 foi e será para sempre inesquecível. Estava eu passeando pelas ruas de Buenos Aires, onde passava as férias, quando de repente me deparei com Mercedes Sosa. Não consegui disfarçar minha euforia ao vê-la e, como não poderia deixar de ser, pedi um autógrafo para a minha idolatrada cantora. Ela disse:

— É claro que dou. Você é brasileira?

— Sim — respondi mais do que depressa.

Peguei o autógrafo e guardei-o como se guarda algo precioso. Ela, sorridente, disse que faria um *show* à noite no Teatro Colón e presenteou-me com duas entradas, dizendo que fazia questão da minha presença.

Foi, sem dúvida, um dos dias mais felizes da minha vida. Por esse motivo, jamais esquecerei minhas férias em Buenos Aires.

Texto dissertativo

Ao narrarmos, contamos histórias. Quando descrevemos, mostramos ao leitor como é determinada pessoa ou lugar. Na dissertação, ou texto dissertativo, expomos ou defendemos ideias, por meio da utilização de argumentos.

Há dois tipos de dissertação, a expositiva e a argumentativa. O objetivo que pretendemos atingir ao produzir uma dissertação **expositiva** é expor, explicar ou interpretar ideias, sem tentar convencer o leitor. Quando optamos pela dissertação **argumentativa**, tentamos persuadir o leitor de que a tese que defendemos deve ser acatada. Nesse tipo de dissertação, nosso objetivo é convencer o leitor e mostrar para ele que temos razão no que diz respeito ao ponto de vista que defendemos. Porém, podemos também discordar de ideias, apresentando a nossa visão acerca do tema.

Toda dissertação parte de um tema ou até mesmo de um título. Portanto, é muito importante organizar o pensamento para produzir um bom texto dissertativo. Em geral, para que seu texto tenha maior clareza quanto à exposição de um ponto de vista, é necessário que ele contenha os seguintes elementos:

- **Introdução**: parágrafo em que se apresenta a ideia ou o ponto de vista que será defendido, geralmente partindo do geral para o específico. É a parte inicial do texto que tem como função delimitar o assunto, apresentar os objetivos e situar o leitor quanto ao tema a ser desenvolvido no parágrafo seguinte (se o tema for a fome, a minha introdução mostrará ao leitor em que contexto vou tratar o tema).

- **Desenvolvimento**: é a partir do desenvolvimento que apresento as ideias, ou seja, entro no tema de maneira específica, usando uma sólida argumentação, fornecendo exemplos etc. Trata-se da parte principal do texto que consiste na exposição detalhada do assunto. É onde o tema é desenvolvido.

- **Conclusão**: como a introdução, a conclusão deverá ocupar uma pequena parte do texto. É ao concluir que propomos uma solução aos problemas apresentados no desenvolvimento. O ponto de vista do escritor, apesar de ter aparecido nas outras partes, destaca-se mais na conclusão. Devemos dar um fecho ao texto, coerente com o desenvolvimento, com os argumentos apresentados.

Veja o exemplo abaixo:

Os índios no livro didático

Inicialmente, este trabalho volta-se a questionamentos que me acompanham há cerca de 30 anos, tendo em vista minha ascendência indígena. O contato frequente com algumas etnias do Estado do Mato Grosso facultou a percepção de que as informações acerca da cultura destes povos, que chegam via livro didático, não condizem com as observadas *in loco*, nas aldeias indígenas.

Constatou-se, ainda, a importância que determinada parcela de professores estabelece com o livro didático, não sendo ele mais um dentre tantos recursos pedagógicos que auxiliam no processo de ensino-aprendizagem, mas sim o único recurso.

Sentiu-se, por conseguinte, a vontade de realizar um estudo mais aprofundado que permitisse analisar como estas relações ocorrem e a veracidade das observações que moveram esta pesquisa. Tal desejo mostra-se relevante tendo em vista que o livro didático é um elemento muito presente na prática pedagógica dos professores do Estado do Paraná. Sem mencionar o fato de que para muitos alunos esta é a única fonte bibliográfica disponível e utilizada. (...)[3]

---

[3] SILVA, Laine de Andrade. **Educação, saúde e trabalho indígena no contexto do livro didático (Paraná, séries iniciais, 1996-1997)**. Curitiba, 2004. Mestrado em Educação. Universidade Federal do Paraná.

Uma prática consciente e bem orientada ajudará você a melhorar seu texto. Não é preciso ser um escritor para escrever bem, basta dedicação e estudo.

Viu como é bem mais simples do que se poderia imaginar? Pois bem, vamos dar continuidade ao nosso estudo.

Tópicos gramaticais importantes

Divisão da gramática

A linguística estuda cientificamente a linguagem, procurando descobrir e explicar o seu funcionamento. Já a gramática normativa preocupa-se com a expressão ideal, padronizando as maneiras "corretas" de falar e de escrever bem. Ela é composta por regras e normas que determinam como devemos escrever e falar de acordo com uma língua denominada **padrão**.

A **gramática normativa** divide-se em:

- **Fonologia**: estuda os sons significativos de uma determinada língua, procurando classificá-los. Dentre os objetos de estudo da fonologia, podemos citar as sílabas (formam os vocábulos, ou palavras) e a ortografia (trata da representação convencional dos sons da língua portuguesa).

- **Morfologia**: ocupa-se da palavra isoladamente, considerando-a em sua estrutura e formação, em suas flexões (gênero, número, pessoa, grau etc.) e em suas classificações (verbo, substantivo, adjetivo, artigo, pronome, numeral etc.).

- **Sintaxe**: estuda as relações que as palavras estabelecem nas frases e das frases no texto.

Bem, agora que você já sabe um pouco mais sobre o que é gramática normativa, vamos relembrar alguns tópicos gramaticais que contribuirão para que você produza bons textos.

Aprendemos a escrever escrevendo. A prática é insubstituível, pois, sem ela, nada conseguimos. As regras gramaticais são igualmente fundamentais, mas devem ser exercitadas por meio da produção de textos.

Substantivo

Você lembra o que é um substantivo? Substantivo é a palavra que usamos para dar nome aos seres, coisas e ideias. Como ele é uma palavra variável, apresenta flexões de gênero, número e grau. Os substantivos podem ser concretos (os que são usados para designar os seres) e abstratos (usados para designar ações, estados, qualidades e noções).

Exemplos:

Substantivos concretos: gato, tronco, árvore, alma (não podemos confundir noções físicas com noções gramaticais, pois a gramática classifica a palavra e não o ser. Apesar de ser a alma fisicamente abstrata, seu conceito linguístico é concreto) etc.

Substantivos abstratos: saudade, amor, vida, dor etc.

Os substantivos flexionam-se, conforme dissemos anteriormente, em número (plural e singular) e em gênero (masculino e feminino). Os substantivos uniformes são os epicenos (nomes de animais que têm apenas um gênero gramatical para designar tanto a fêmea quanto o macho), os sobrecomuns (possuem um só gênero gramatical para designar pessoas de ambos os sexos) e os comuns de dois gêneros (uma única forma para ambos os gêneros, sendo o artigo que os diferencia).

Exemplos:

Epicenos: cobra macho/cobra fêmea, jacaré macho/jacaré fêmea etc.

Sobrecomuns: criança, vítima, pessoa etc.

Comuns de dois gêneros: o artista/a artista, o pianista/a pianista etc.

O plural dos substantivos não é difícil, pois há algumas regras bem fáceis. Basta segui-las que não cometeremos erros. Vamos relembrar as principais, mas nos próximos capítulos vamos dar mais atenção ao plural de palavras compostas, pois são essas é que normalmente complicam nossa vida.

A regra geral para o plural de substantivos determina que basta acrescentarmos **-s** ao singular das palavras terminadas em vogal ou ditongo (casa/casas, lei/leis). O plural de palavras terminadas em **-m** é feito com a troca do **-m** por **-n** e pelo acréscimo do **-s** (bom/bons, som/sons). Os substantivos terminados em **-ão** têm três formas de plural: de **-ão** para **-ões** (eleição/eleições), de **-ão** para **-ães** (pão/pães) e alguns substantivos apenas admitem o acréscimo do **-s** ao final da palavra (órgão/órgãos). Há alguns substantivos que admitem o plural em **-ãos**, **-ões** e **-ães**. Porém, há a preferência pelo plural em **-ões** (anão/anãos/anões, ancião/anciões/anciãos/anciães).

O plural de substantivos oxítonos terminados em **-s** é efetuado com o acréscimo de **-es** (país/países, ananás/ananases) e, quando são paroxítonos, não variam, apenas o artigo vai para o plural (o lápis/os lápis, o ônibus/os ônibus).

Viu como não é complicado? Basta relembrar as regras e seguir produzindo textos cada vez melhores. Procure fazer os exercícios propostos, pois eles reforçam os conteúdos estudados.

Substantivos exclusivamente do gênero masculino	
alvará	estigma
anátema	estratagema
aneurisma	formicida
apêndice	gengibre
axioma	guaraná
champanha	herpes
clã	lança-perfume
cônjuge	magazine
cós	magma
decalque	plasma
delta	proclama
diadema	puma
dó (pena/nota musical)	telefonema
eclipse	tracoma
eczema	xerox (ou xérox)

Exercícios

1) Produza um texto destacando a importância da comunicação em sua vida.

2) Assinale a alternativa falsa:

a) (　) Comunicação é uma troca de opiniões.

b) (　) Para que nos comuniquemos, é preciso que haja um emissor e um receptor.

c) (　) A comunicação não é importante para a vida em sociedade.

d) (　) A capacidade de comunicação é uma das principais características da espécie humana.

e) (　) O processo de comunicação humana é consciente.

3) Complete os espaços:
- A língua falada é _____
- Quando falamos, usamos _____
- Já a língua escrita _____
- Ao escrever, usamos _____

4) Redija uma carta ao diretor de uma empresa na qual você sempre desejou trabalhar, solicitando uma vaga. Lembre-se de que, para produzir um texto escrito, algumas regras são necessárias. Por enquanto, este exercício servirá como referencial para que você possa perceber suas maiores dificuldades ao produzir um texto. Vá em frente, sem medo! Só acerta quem tenta!

5) Passe para o plural:

balão: _____

capelão: _____

sótão: _____

nação: _____

escrivão: _____

cidadão: ....

cristão: ....

bênção: ....

6) Coloque O ou A nos parênteses, conforme o gênero:

( ) tapa

( ) cal

( ) apendicite

( ) apêndice

( ) dó

( ) telefonema

( ) vítima

( ) couve-flor

( ) champanha

( ) ioga

( ) xerox

* * *

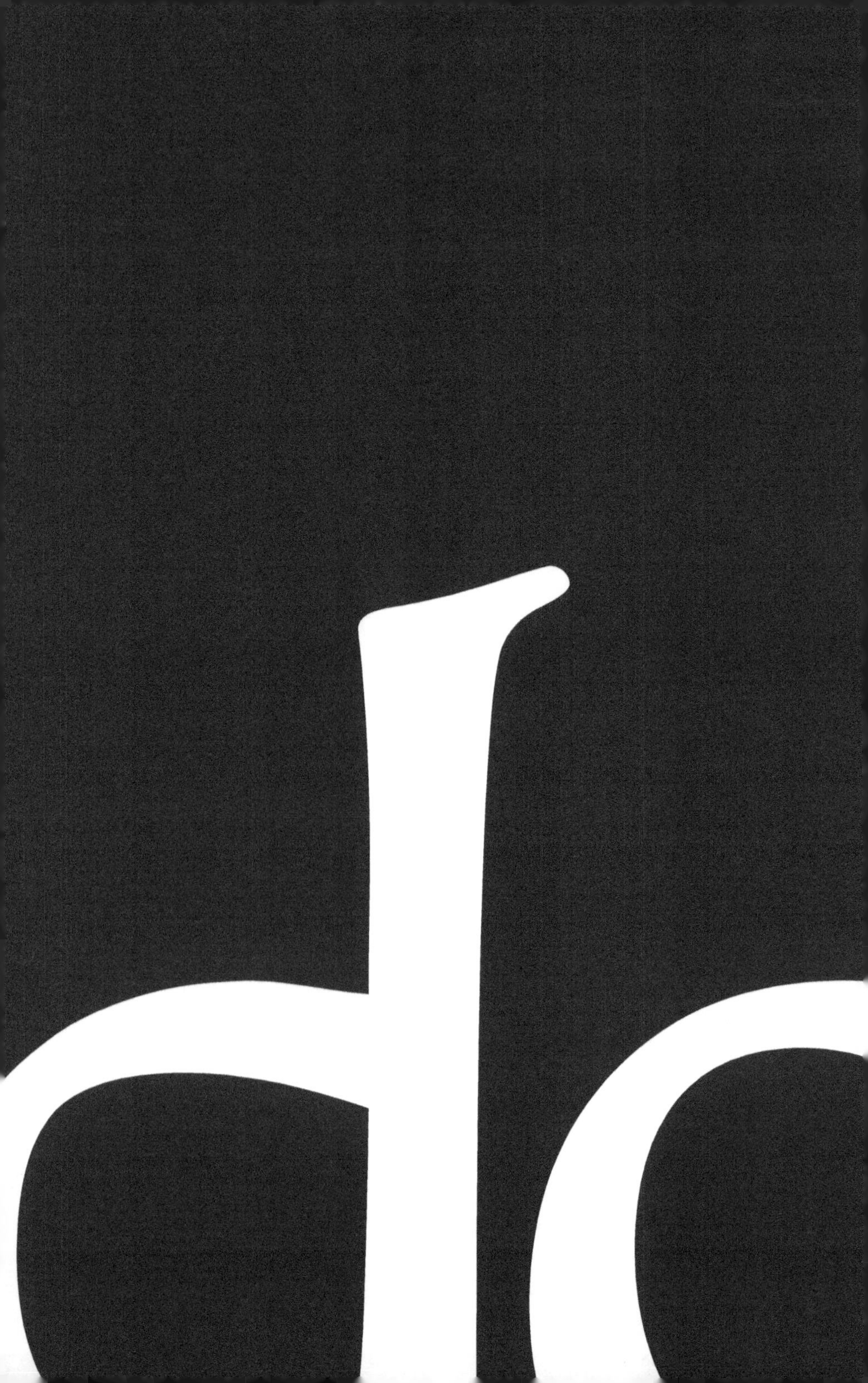

ois

redação comercial

✶ ✶ ✶

Vimos o que é um texto e como redigir e revimos alguns tópicos gramaticais essenciais à produção de um bom texto. Caso você tenha dúvidas, consulte a gramática que você tem disponível, pois todas trazem o mesmo conteúdo. O que muda de autor para autor é a maneira como cada um apresenta as regras, que sempre são as mesmas. Porém, indicamos algumas fontes para consulta no final deste livro.

Trataremos, neste capítulo, especificamente de redação comercial, ou seja, o que ela é e sua utilização. Abordaremos também outros tópicos gramaticais necessários à produção de um bom texto.

A correspondência comercial é um canal de comunicação muito usado no comércio e na indústria. A linguagem desse tipo de carta deve ser clara, simples, objetiva, formal e adequada ao padrão culto da língua.

A carta de caráter profissional exige também um esforço de adaptação ao destinatário. Quer seja endereçada de um superior hierárquico a um subordinado, e vice-versa, quer seja de uma sociedade comercial a um cliente etc., certamente tem como finalidade fornecer informações ao leitor, mas procura também exercer sobre ele uma certa pressão ou causar uma certa impressão. A clareza na expressão, bem como certas formas de apresentação e fórmulas de polidez, definidas a partir da respectiva situação do emissor e do destinatário, são preceitos que devem ser observados.

Mas, afinal, o que é uma **correspondência**? De maneira genérica, correspondência é um ato que se caracteriza pela troca de **informações**, que, por sua vez, se caracteriza pela emissão e recepção de mensagens. Ela é um meio de comunicação escrita entre pessoas e é efetivada por meio de papéis, cartas, bilhetes, circulares, memorandos, ofícios, requerimentos, telegramas, fax etc.

O conceito de correspondência abrange maior quantidade de pormenores do que uma simples carta, pois na correspondência comercial deve ser observado um conjunto de normas que orientam a elaboração e a circulação de papéis e documentos necessários ao comércio e à indústria. Esses papéis têm a finalidade de criar e manter relações comerciais, daí o nome de **redação comercial**. Aos poucos iremos falar dos tipos de correspondências que existem. Agora, falaremos da importância das correspondências ou textos comerciais.

Importância das correspondências comerciais

Uma correspondência comercial é muito importante para o remetente e para o destinatário, pois ela pode proporcionar bons negócios à empresa ou impedir que ela os efetive. Quando você redige uma carta comercial, **representa a sua empresa**. Se você não conseguir fazer-se entender ou não respeitar as normas existentes, tanto gramaticais quanto de estilo, provavelmente o receptor irá desconsiderar sua correspondência e procurará outra organização para fechar negócios.

Como já dissemos, a maior importância da correspondência comercial está no fato de que não podemos considerá-la uma simples atividade. Ela serve como instrumento para fechamento de negócios.

Como elaborar uma correspondência comercial com eficácia

As empresas recebem diariamente dezenas de cartas, e conseguir que a nossa correspondência, em particular, atinja o alvo definido não é uma tarefa tão fácil como se poderia pensar à primeira vista. É preciso captar a atenção do leitor e, por isso, a criatividade é um dos elementos-chave que não deve ser descuidado. Está provado que uma elevada percentagem das cartas recebidas pelas organizações nem chega a ser lida. Na maioria dos casos, o esforço, o tempo e o dinheiro despendidos acabam por não corresponder ao objetivo pretendido. A feroz concorrência que domina atualmente o mercado obriga à busca por uma originalidade na apresentação e na linguagem, de forma a captar a atenção do destinatário.

Escolha a linguagem correta de uma correspondência

O tom utilizado numa mensagem comercial deve ser **simples**, mas não coloquial. Evite cair no erro do excesso de confiança. A carta é um meio de transmitir uma mensagem que substitui a presença física dos interlocutores. Se na presença física se utiliza um tom mais pessoal, na carta se deve fazer o mesmo.

A **originalidade** também é essencial para seduzir o interlocutor. A linguagem utilizada deve ter a capacidade de surpreender o destinatário. É importante criar uma empatia imediata com o receptor da correspondência.

Quando falamos em originalidade, não estamos falando da utilização de expressões rebuscadas e difíceis. Lembre-se de que a simplicidade é muito importante. Além disso, é indispensável:

- ter o cuidado de verificar sempre se não existem quaisquer erros ortográficos ou gírias;
- usar as palavras com eficiência, dando a ideia de ação;
- rever os textos de forma a evitar a repetição de ideias e eliminar frases ou adjetivos desnecessários que apenas prejudicam a clareza do texto.

Uma boa correspondência comercial deve ser objetiva e sucinta na exposição das informações. Por isso, é necessário ter clareza de pensamento, concatenação de ideias e vocabulário exato. A linguagem usada nas correspondências comerciais exige o conhecimento de determinadas regras. Por essa razão, ao redigir uma correspondência, você deve perceber se seu texto possui:

- **exatidão**: evite palavras vagas, compridas e difíceis. Não use expressões como **alguns**, **quase todos**, **muitos**, **poucos** e **há dias**, pois são vagas;
- **coerência das ideias**: verifique, ao reler sua correspondência, se os pontos principais foram enfatizados de maneira compreensível e se há uma transição natural entre uma frase e outra;
- **clareza**: você deve redigir um texto claro, para que até uma pessoa que conheça pouco da língua portuguesa seja capaz de entender a mensagem.

A produção de textos deve ser desenvolvida gradativamente: trabalhando a palavra, a frase, o parágrafo e o texto.

Correspondência comercial

Estrutura

- **Data**

  Curitiba, 15 de maio de 2003.

  (3 espaços)

- **Destinação**

  Sr. Carlos Henrique Paredes

  Chefe do Departamento de Compras

  Eletric Componentes Eletrônicos

  Rua Silva Jardim, 294

  Curitiba-PR.

  00000-000

  (3 espaços)

- **Invocação**

  Prezado Senhor:

  (3 espaços)

- **Explanação do assunto**

  Com referência à sua reclamação na carta do dia 10 do mês em curso, esclarecemos que o atraso na entrega da mercadoria solicitada ocorreu não por falha de nossos funcionários, mas por problemas com a empresa entregadora. Estamos tomando as devidas providências a fim de que as mercadorias sejam entregues rapidamente.

(2 espaços)

- **Fecho**

Pedimos desculpas e continuamos à sua disposição.

(2 espaços)

Atenciosamente,

(3 espaços)

- **Assinatura/função**

Sônia Alcântara – Gerente de Vendas.

Tratamos das unidades que compõem o texto. Vamos abordar agora cada uma separadamente.

Frase

É todo enunciado capaz de transmitir ao leitor uma determinada informação. Pode ter verbo ou não, e sua forma varia de uma palavra a uma sentença mais extensa. É qualquer enunciado que transmita um pensamento, uma ideia.

Frase verbal
Exemplo: Gosto muito de você!

Lembre-se de que a oração é uma frase verbal constituída de sujeito e predicado e, em alguns casos, só de predicado. A oração não tem de ter sentido completo.

Frase não verbal
Exemplo: Fogo!

Tipos de frases

1) **Frase interrogativa**: ocorre quando o emissor da mensagem formula uma pergunta.
   Exemplo: Ela já chegou?

2) **Frase imperativa**: o emissor da mensagem dá uma ordem ou faz um pedido.
   Exemplo: Dê-me sua mão!

3) **Frase exclamativa**: o emissor exterioriza um estado afetivo.
   Exemplo: Que dia difícil!

4) **Frase declarativa**: o emissor constata um fato.
   Exemplo: Ela já saiu.

Parágrafo

É identificado no texto pelo seu início afastado da margem do papel, o que facilita, tanto ao escritor como ao leitor, percebê-lo de forma isolada para que possa captar as ideias principais do texto e, posteriormente, sintetizá-las. Porém, em redação comercial, o início do parágrafo não é afastado da margem, pois a distinção entre os parágrafos se dá com um espaço adicional entre eles. Assim, como você deve ter observado, o parágrafo é de essencial importância na elaboração de um texto.

Quando construímos parágrafos, estamos organizando e desenvolvendo ideias. Porém, elas devem estar ligadas umas às outras. Se não conseguirmos efetuar a ligação entre os parágrafos, é provável que nosso leitor não consiga saber o que pretendemos abordar, ou seja, construiremos um texto com pouco sentido para quem lê, além de torná-lo desinteressante. É importante salientar que há uma dependência entre os parágrafos, sendo que cada um possui uma ideia central em torno da qual giram ideias secundárias.

À ideia central de cada parágrafo damos o nome de **tópico frasal**, que geralmente vem no começo do parágrafo, seguido de outros períodos que explicam ou detalham a ideia central. Para facilitar sua compreensão, podemos dizer que o **tópico frasal** corresponderia à **introdução** em um texto, isto é, ele é a introdução do parágrafo. Ao responder à pergunta "por quê?" feita ao tópico frasal, teremos a **frase de desenvolvimento**. Via de regra, cada parágrafo possui duas ou três frases de desenvolvimento. Ao fechar a ideia do parágrafo, teremos a **frase de conclusão**, que iniciamos com expressões como "é necessário", "é importante", "é preciso" etc.

Tópicos gramaticais importantes

No capítulo anterior, tratamos dos substantivos e suas flexões de gênero (masculino e feminino) e de número (plural e singular). Vamos abordar agora o plural dos compostos e o uso dos porquês. Vamos então, mais uma vez, à gramática? Antes, porém, é importante ressaltar que não adianta decorar conceitos e regras. É preciso entender como funciona a nossa língua.

Plural dos substantivos compostos

Ao estudarmos o plural dos substantivos compostos, é necessário, inicialmente, diferenciar os compostos cujos elementos são unidos por hífen daqueles que são escritos sem hífen. No caso dos substantivos escritos **sem hífen**, o plural é feito conforme as regras usadas para os substantivos simples.

Exemplos:
pontapé – pontapés
televisão – televisões
passatempo – passatempos

Quando os substantivos compostos são ligados por hífen, podemos ter os seguintes casos:

1) Verbo ou palavra invariável + substantivo ou adjetivo = só o segundo vai para o plural.

   Exemplos:
   guarda-sol – guarda-sóis
   sempre-viva – sempre-vivas
   beija-flor – beija-flores
   abaixo-assinado – abaixo-assinados

2) Quando os dois elementos forem variáveis, ambos vão para o plural (substantivo + substantivo, substantivo + adjetivo, adjetivo + substantivo, numeral + substantivo).

   Exemplos:
   quarta-feira – quartas-feiras
   obra-prima – obras-primas

3) Quando os elementos que formam o substantivo composto são ligados por preposição ou quando exprimem uma ideia de fim ou semelhança, só o primeiro elemento vai para o plural.

   Exemplos:
   pé de moleque/pés de moleque
   mula sem cabeça/mulas sem cabeça
   cavalo vapor/cavalos vapor

4) Quando o substantivo composto é formado por palavras repetidas ou onomatopaicas (vocábulos cuja pronúncia lembra o som de alguma coisa), só o segundo elemento vai para o plural.

   Exemplos:
   tico-tico/tico-ticos
   tique-taque/tique-taques

Resumindo

1) Flexiona-se apenas o primeiro elemento:

- quando as duas palavras são ligadas por preposição;
- quando o segundo nome limita o primeiro, expressando uma ideia de fim ou semelhança (canetas-tinteiro, sofás-cama).

2) Flexiona-se apenas o segundo elemento:

- quanto há adjetivo + adjetivo (econômico-financeiros, luso-brasileiros);
- quando a primeira palavra é invariável (guarda-roupas);
- quando há verbo + substantivo (arranha-céus);
- quando são palavras repetidas (quero-queros);
- quando se trata de nome de orações (pai-nossos);
- quando se trata de palavras onomatopaicas, que imitam sons (toc-tocs).

3) Flexionam-se os dois elementos quando há:

- substantivo + substantivo (cirurgiões-dentistas);
- substantivo + adjetivo (guardas-noturnos);
- adjetivo + substantivo (livres-pensadores);
- numeral + substantivo (quintas-feiras).

O uso dos porquês

Usar o porquê é mais fácil do que você imagina. Basta lembrar que, todas as vezes em que se formula uma pergunta, ou seja, uma frase interrogativa, deve-se usar o porquê separado (**por que**) e ele deverá vir acentuado quando estiver próximo ao ponto de interrogação.

Exemplos:

Por que ele não veio?

Ele não veio por quê?

O porquê separado (**por que**) também deve ser empregado quando equivaler a **pelo(a) qual** ou **pelos(as) quais** e, ainda, sempre que estiver expressa ou subentendida a palavra **razão**.

Exemplos:

Este é o caminho por que (**pelo qual**) ele veio.

Não entendi por que (**razão**) ele não veio.

Já nas frases declarativas, o porquê não pode ser escrito separado, isto é, deve ser escrito junto (**porque**). Geralmente, ao responder a perguntas, ele também é escrito junto. Se colocarmos o artigo antes dele, ele vira substantivo e deve ser escrito junto e acentuado.

Exemplos:

Eu não sei o porquê da sua reação.

Você reagiu agressivamente porque foi provocado.

Resumindo

1) **Por quê** só pode ocorrer em final de frase interrogativa.

2) **Por que** acontece em duas situações: em início de frase interrogativa, quando puder ser substituído por **pelo(a) qual** ou **pelos(as) quais** e sempre que vier expressa ou subentendida a palavra **razão**.

3) **Porquê** só ocorre quando for substantivo (precedido por artigo).

4) **Porque** ocorre em respostas e em frases declarativas.

Exercícios

1) Passe as frases abaixo para o plural:

   a) O meu **tico-tico** fugiu da gaiola.

   b) O padre mandou que eu rezasse **ave-maria**.

   c) Adorei o cheiro da sua **água-de-colônia**.

   d) Sou o **testa de ferro** do presidente da empresa.

   e) Comprei um lindo **sofá-cama**.

2) Redija uma carta ao coordenador de Recursos Humanos de sua empresa solicitando revisão de suas férias.

* * *

carta comercial
✳ ✳ ✳

No capítulo anterior nos aprofundamos no que diz respeito ao texto, especialmente da redação comercial. Vimos, também, alguns tópicos gramaticais importantes na produção de textos. Faremos isso em todas os capítulos, pois o nosso objetivo é que você aperfeiçoe suas habilidades como produtor(a) de texto.

Trataremos de alguns tipos de correspondência comercial, bem como do uso de pronomes.

Os elementos de uma carta comercial são:

- timbre;
- índice e número;
- local e data;
- destinatário;
- referência;
- vocativo;
- texto;
- cumprimento final;
- assinatura;
- anexo;
- cópia.

Introduções comuns na carta comercial

As introduções devem ser criativas e sempre estimular o receptor a continuar a leitura da carta. As mais comuns são:

- *Participamos que...*
- *Certificamos que...*
- *Com relação aos termos de sua carta de...*
- *Atendendo às solicitações constantes de sua carta...*
- *Solicitamos que...*
- *Em vista do anúncio publicado no...*
- *Informamos que...*

Evite introduções antigas e pouco usadas, como *comunicamos em resposta* e outras.

Fechos de cortesia

O fecho é constituído pelo último parágrafo. Os mais comuns são:

- *Atenciosamente.*
- *Respeitosamente.*
- *Saudações.*
- *Abraços.*
- *Aguardamos sua resposta.*
- *Cordialmente.*

Procure evitar os encerramentos, ou fechos, já muito usados, como:

- *Aguardando notícias, aqui vai meu abraço carinhoso.*
- *Sendo o que se apresenta para o momento.*

- *No aguardo de suas breves notícias, aqui vai meu abraço cordial e atencioso.*
- *Na expectativa de suas breves notícias, aqui vai meu abraço cordial e amável.*
- *Com nossos agradecimentos, renovamos as expressões de nossa elevada consideração e distinta amizade.*
- *Com as expressões de nossa elevada consideração, subscrevemo-nos prazerosamente.*

É uma tendência atual evitar o *subscrevo-me, despedimo-nos* e o *sem mais para o momento*.

Modelo de carta comercial

- **Timbre**

    (inserir o timbre da empresa)

    (3 espaços)

- **Índice e número**

    DE/222

- **Local e data**

    Curitiba, 26 de abril de 2002.

    (3 espaços)

- **Destinatário**

    Sr. Pedro Pedra

    Diretor Presidente do Jornal Fala Povo

- **Referência**

    Ref.: Notícia sobre o lançamento do livro

    Técnicas de redação comercial.

    (2 espaços)

- **Vocativo**

    Sr. Pedro Pedra:

    (2 espaços)

- **Texto**

    Meu livro anterior foi bem recebido por sua empresa, o que muito me envaideceu, e você publicou em seu jornal uma resenha bastante interessante do livro *Como produzir textos*.

    (2 espaços)

    Envio um exemplar do meu lançamento mais recente – *Redação: qualidade na comunicação escrita* –, para que você possa, mais uma vez, apresentar sugestões e analisá-lo.

    (2 espaços)

    É um livro dirigido a profissionais que redigem textos. Apresenta matéria sobre textos comerciais, modelos de correspondências e tópicos gramaticais essenciais à produção escrita.

    (2 espaços)

    Agradeço antecipadamente atenção ao *press-release* anexo e publicação em seu conceituado jornal de nota sobre o lançamento do livro.

    (2 espaços)

- **Cumprimento final**

    Envio-lhe meu abraço, esperando revê-lo no lançamento do livro.

    (2 espaços)

    Atenciosamente,

    (3 espaços)

- **Assinatura**

Laine de Andrade e Silva

- **Anexo**

    Press-release

    (3 espaços)

- **Cópia**

    c/c: Gerência de Comunicação Social.

    Esse é um modelo dentre os muitos que existem, pois há vários tipos de correspondência comercial, como: advertência, carta de cobrança, convite, cotação de preços, oferecimento de serviços profissionais, orçamento, resposta a consultas etc. Trataremos agora dos tópicos gramaticais essenciais à produção de textos comerciais.

Tópicos gramaticais importantes

Vamos agora falar sobre os pronomes e sua colocação, em especial o uso dos pronomes possessivos, pessoais e demonstrativos. E o que são pronomes? Vamos relembrar?

Pronomes

Pronome é a palavra que substitui ou acompanha o substantivo, indicando sua posição em relação às pessoas do discurso ou mesmo situando-o no espaço e no tempo. Viu como eles são importantes?

    Para melhor entender a definição acima, é necessário relembrar quais são as pessoas de um discurso e os pronomes que a elas se referem. São elas:

- Primeira pessoa: aquela que fala ou emissor (eu, nós, me, minha).

Exemplos:

Eu falarei com a diretora sobre o problema das **minhas** férias.

Nós cumpriremos todas as ordens.

- Segunda pessoa – aquela com quem se fala ou receptor (tu, vós, teu, você).

Exemplos:

Vós sois o sal da terra.

Pretendo comprar o **teu** carro.

- Terceira pessoa – aquela de quem se fala ou referente (ele, ela, elas, seu).

Exemplos:

Ela disse que não vai à festa, pois **seu** marido não deixou.

Os pronomes são classificados em pessoal, possessivo, demonstrativo, relativo, indefinido e interrogativo. Nesta unidade, estudaremos os pronomes pessoais, possessivos e demonstrativos.

1) **Pronome pessoal**

É aquele que indica as pessoas do discurso. Além das flexões de gênero (masculino/feminino), número (singular/plural) e pessoa (1.ª/ 2.ª/3.ª), o pronome pessoal apresenta variações de forma, conforme a função exercida na oração, podendo ser **reto** ou **oblíquo**.

Pronomes pessoais

Número	Pessoa	Pronomes	Pronomes oblíquos	
			Átonos	Tônicos
Singular	primeira	eu	me	mim comigo
	segunda	tu	te	ti contigo
	terceira	ele ela	lhe se	ele ela si consigo
Plural	primeira	nós	nos	nós conosco
	segunda	vós	vos	vós convosco
	terceira	eles elas	lhes se	eles elas si consigo

2) Pronome possessivo

É aquele que associa a ideia de posse às pessoas do discurso. Na frase **minha irmã chorou muito**, foi empregada a primeira pessoa, sendo o **eu** (personagem narrador) o possuidor e a **irmã** (terceira pessoa, de quem se fala) a coisa possuída. Vamos agora fazer algumas variações com o exemplo acima:

Meu irmão chorou muito.

Minhas irmãs choraram muito.

Meus irmãos choraram muito.

Pode-se perceber que o pronome possessivo **minha** da primeira frase flexionou em número e gênero, concordando com a coisa possuída, mas não apresenta flexão de pessoa; mantendo-se sempre na primeira pessoa do singular, ele concorda com o possuidor. Porém, se alterarmos o número de possuidores, o pronome possessivo será flexionado.

Exemplos:

Eu e **minha irmã** choramos muito: **nosso** cachorro fugiu.

Eu e **minha irmã** choramos muito: **nossos** cachorros fugiram.

Portanto, conclui-se que o pronome possessivo concorda em gênero e número com a coisa possuída e em pessoa com o possuidor.

3) **Pronome demonstrativo**

É aquele que indica a posição de um ser em relação às pessoas do discurso, situando-o no tempo ou no espaço. Como os demais pronomes, o demonstrativo também pode ser flexionado em gênero, número e pessoa. Mas há uma especificidade, pois para cada uma das pessoas do discurso há um demonstrativo invariável, uma forma neutra. Veja no quadro a seguir:

Situação do espaço	*Situação do tempo*	*Pronomes variáveis*	*Pronomes invariáveis*
Proximidade da pessoa que fala	presente	este, esta, estes, estas	isto
Proximidade da pessoa com quem se fala ou coisa pouco distante	passado ou futuro próximos	esse, essa, esses, essas	isso
Proximidade da pessoa de quem se fala ou coisa muito distante	passado remoto	aquele, aquela, aqueles, aquelas	aquilo

Como você viu, não é difícil reconhecer e usar os pronomes. Agora vamos tratar da colocação dos **pronomes oblíquos**.

O que determina a posição correta do pronome oblíquo é a **eufonia**, ou seja, o bom som. Isso faz com que as normas existentes não sejam absolutas, podendo ocorrer casos em que o uso em desacordo com os princípios abaixo acabe em **melhor som**. De qualquer forma, tais casos serão considerados exceções.

Há três posições que o pronome pessoal oblíquo átono pode ocupar em relação ao verbo. Assim, temos:

- **Ênclise**: o pronome vem depois do verbo.

  Exemplo:

  Fala-se muito.

- **Próclise**: o pronome vem antes do verbo. É importante destacar que palavras de cunho negativo, o pronome relativo **que**, alguns advérbios, a palavra **ambos** e alguns pronomes indefinidos (alguém, tudo, todos, outro e qualquer) exercem força atrativa sobre o pronome.

  Exemplos:

  Não se fala muito.

  Tudo se ajeitará com o tempo.

- **Mesóclise**: o pronome vem no meio do verbo.

  Exemplo:

  Falar-se-á muito.

Para facilitar o estudo deste assunto, vamos partir do pressuposto de que a posição normal é a **ênclise**. Portanto, excluindo os casos que veremos a seguir, deve-se preferir o uso do pronome após o verbo. Devemos lembrar, também, que **não se inicia frase com pronome oblíquo**.

- **Próclise**: deve-se usar o pronome pessoal oblíquo átono antes do verbo, sempre que houver palavra ou expressão que o atraia. É o que ocorre nos casos a seguir:

    1) com palavras de cunho negativo: Jamais me peça isso.
    2) nas frases exclamativas: Quanto se erra!
    3) nas frases que expressam desejo: Deus o ajude.
    4) nas frases interrogativas: Por que te lamentas?
    5) com o pronome relativo: Estas são as ordens que lhe deixaram.
    6) com as conjunções subordinativas, mesmo quando subentendidas: Saiu cedo, porque o buscavam.
    7) com os advérbios, os pronomes demonstrativos e os pronomes indefinidos (quando próximos do pronome oblíquo e não interrompidos por pontuação): Aqui nos encontramos a primeira vez.
    8) com o infinitivo pessoal regido de preposição: Eles vieram para nos transmitirem mais segurança.
    9) com o gerúndio regido da preposição **em**: Em se tratando de assuntos políticos, não discuto.

- **Mesóclise**: usa-se a mesóclise apenas no futuro do presente e no futuro do pretérito do indicativo, desde que, de acordo com as normas anteriores, não seja obrigatório o uso da próclise.

    Exemplo: Dar-lhe-emos todas as chances.

A colocação pronominal não é tão difícil quanto se pode imaginar. Basta que conheçamos as regras e as pratiquemos.

Exercícios

1) Redija uma carta ao governador do seu estado abordando o tema dos pedágios.

2) Preencha os espaços com o pronome correto:
   a) ....caneta em minha mão é minha. (esta/essa)
   b) .... caneta na sua mão é sua? (esta/essa)
   c) Esta comida é para........................? (mim/eu)
   d) Este doce é para........................ comer? (mim/eu)

3) Assinale a alternativa correta:
   a) ( ) Não se pode roubar ou matar.
   b) ( ) Não pode-se matar ou roubar.
   c) ( ) Não poder-se-á matar ou roubar.

4) Reescreva as frases abaixo, colocando na posição correta os pronomes oblíquos que estão entre parênteses:
   a) O casal pediu que não chamasse a polícia. (me/se)
   b) Diga uma coisa: pode falar com o chefe? (me/se)
   c) Tudo sugeria que os amigos estimavam. (lhe/a)

aua

tro

ata
***

No capítulo anterior, você aprendeu um pouco mais sobre carta comercial e sobre pronomes e sua colocação.

Neste, apresentaremos um modelo de ata e você aprenderá como confeccionar uma sem erros e com eficiência. Abordaremos também os pronomes de tratamento, muito usados nas correspondências comerciais, e coesão e coerência textual.

Como a finalidade das relações comerciais é criar, manter e encerrar negociações, a correspondência comercial, para atingir seus objetivos, submete-se à obediência de certas normas e orientações quanto à elaboração e circulação de papéis próprios ao mundo do trabalho.

Ata é um registro em que se relata pormenorizadamente o que se passou em uma reunião, assembleia ou convenção. Uma de suas particularidades é que ela deve ser assinada pelos participantes da reunião em alguns casos (conforme estatuto da empresa) e sempre pelo presidente ou secretário. Para sua lavratura, devem ser observadas as seguintes normas:

- a ata deve ser lavrada em livro próprio ou em folhas soltas, de tal modo que impossibilite a introdução de modificações;
- as ocorrências verificadas devem ser sintetizadas de maneira clara e precisa;
- o texto será digitado, datilografado ou manuscrito, mas sem rasuras (erros);
- o texto será compacto, sem parágrafos ou com parágrafos numerados;
- na ata do dia, são consignadas as retificações (correções) feitas à ata anterior;
- no caso de erros verificados no momento de redigir atas manuscritas, emprega-se a expressão corretiva "digo";
- quando o erro for notado após a redação de toda a ata, recorre-se à expressão "em tempo", que é colocada após todo o escrito, seguindo-se então o texto emendado: **Em tempo: na linha onde se lê "pata", leia-se "bata"**;
- quando ocorrem emendas à ata ou alguma contestação oportuna, a ata só será assinada após aprovadas as correções;
- os números são grafados por extenso;
- há um tipo de ata que se refere a atos rotineiros e cuja redação tem procedimento padronizado. Nesse caso, há um formulário a ser preenchido;
- a ata é redigida por um(a) secretário(a) efetivo(a). No caso de sua ausência, nomeia-se outro(a) secretário(a) (*ad hoc*) designado para a ocasião. A expressão latina *ad hoc* significa "para isso", "para este caso", "de propósito", "designado para executar determinada função".

Elementos básicos de uma ata

Ata de reunião de diretoria

- **Dia, mês, ano e hora** (26 de janeiro de 2003, às 20 horas).
- **Local da reunião** (na sede social, na rua das Hortênsias, nº 222, Curitiba-PR).
- **Relação e identificação das pessoas presentes** (reuniu--se a Diretoria da Orgânicos Vita S.A., presentes todos os seus membros infra-assinados).
- **Declaração do presidente e secretário** (sob a presidência do Sr. Paulo Jatobá, que convidou a mim, Maria das Dores Oliveira, para secretária).
- **Ordem do dia** (Deliberam por unanimidade pela extinção da Filial localizada na Avenida dos Martírios, nº 111 – Bairro dos Verdes – Curitiba (PR), uma vez que a medida atende aos interesses da sociedade.).
- **Fecho** (Nada mais havendo a tratar, foi encerrada a reunião, lavrando-se a presente ata, que, lida e achada conforme, vai ser assinada por todos os presentes.).

Há vários modelos de ata, pois eles existem de acordo com o tipo de reunião a ser registrada. O importante é que você saiba quais os principais itens de uma ata e qual a sequência em que aparecem.

Tópicos gramaticais importantes

Coesão e coerência textual

Ao redigirmos um texto, estamos solitários, ou seja, o receptor da mensagem não está ao nosso lado nesse momento. Por isso, temos uma preocupação maior em relação à **coesão**, que são as articulações existentes entre palavras, orações, frases e parágrafos de um texto, garantindo sua conexão sequencial. Em geral, o emissor da mensagem escrita não sabe até que ponto deve explicitar o que tenta dizer para que se faça compreender pelo receptor. Entretanto, o fazer-se compreender é um ponto central em qualquer texto escrito, e a coesão deve colaborar nesse sentido, facilitando o entendimento entre os interlocutores do texto.

A coesão é a manifestação linguística da **coerência** e se realiza nas relações entre elementos sucessivos (artigos, pronomes adjetivos, adjetivos em relação aos substantivos; formas verbais em relação aos sujeitos; tempos verbais nas relações espaçotemporais constitutivas do texto etc.), na organização de períodos, de parágrafos, das partes do todo, formando uma cadeia de sentido capaz de apresentar e desenvolver um tema ou as unidades de um texto.

Para que essas partes possam ser ligadas, temos os elementos de coesão. Apoiada na gramática, a coesão dá-se no uso de:

- certos pronomes (pessoais, adjetivos ou substantivos) – destacam-se aqui os pronomes pessoais de terceira pessoa, empregados como substitutos de elementos anteriormente presentes no texto, diferentemente dos pronomes de 1.ª e 2.ª pessoa, que se referem, respectivamente, à pessoa que fala e à pessoa com quem se está falando;
- certos advérbios e expressões adverbiais;
- artigos;
- conjunções;
- numerais.

As partes de um texto revelam coerência se, relacionadas, não apresentam contradições. A **coerência** resulta da relação harmoniosa entre os pensamentos ou ideias apresentadas em um texto sobre um determinado assunto. Refere-se, dessa forma, ao conteúdo, ou seja, à sequência ordenada das opiniões ou fatos expostos. Não havendo o emprego correto dos elementos de ligação (conectivos), faltará a coesão e, logicamente, a coerência do texto.

A fala e também o texto escrito constituem-se não apenas numa sequência de palavras ou de frases. A sucessão de coisas ditas ou escritas forma uma cadeia que vai muito além da simples sequencialidade: há um entrelaçamento significativo que aproxima as partes formadoras do texto falado ou escrito. Os mecanismos linguísticos que estabelecem a conectividade e a retomada e garantem a coesão são os referentes textuais.

Cada uma das coisas ditas estabelece relações de sentido e significado tanto com os elementos que a antecedem como com os que a sucedem, construindo uma cadeia textual significativa. Essa coesão, que dá unidade ao texto, vai sendo construída e se evidencia pelo emprego de diferentes procedimentos, tanto no campo do léxico como no da gramática. Não esqueçamos que, num texto, não existem ou não deveriam existir elementos dispensáveis. Os elementos constitutivos vão construindo o texto, e são as articulações entre vocábulos, entre as partes de uma oração, entre as orações e entre os parágrafos que determinam a referenciação, os contatos e as conexões, conferindo sentido ao todo.

Requerem atenção especial os procedimentos que asseguram a coesão e a coerência do texto, pois são eles que desenvolvem a dinâmica articuladora e garantem a progressão textual.

Considere-se, inicialmente, a coesão apoiada no léxico. Ela pode dar-se pela reiteração, pela substituição e pela associação. É garantida com o emprego de:

- **substituição léxica**, que se dá tanto pelo emprego de sinônimos como de palavras quase sinônimas. Considerem-se aqui, além das palavras sinônimas, aquelas resultantes de famílias ideológicas e do campo associativo, como esvoaçar, revoar, voar;

- **hipônimos** (relações de um termo específico com um termo de sentido geral, como gato e felino) e hiperônimos (relações de um termo de sentido mais amplo com outros de sentido mais específico, como felino e gato);

- **nominalizações** (quando um fato, uma ocorrência aparece em forma de verbo e, mais adiante, reaparece como substantivo. Por exemplo: consertar – o conserto; viajar – a viagem). É preciso distinguir-se entre nominalização estrita e generalizações (Por exemplo: o cão – o animal) e especificações (Por exemplo: planta – árvore – palmeira);

- **substitutos universais** (Por exemplo: João trabalha muito. Também o faço. O verbo **fazer** em substituição à expressão **trabalhar muito**).

Um texto coeso e coerente jamais será ambíguo.

Pronome de tratamento

É a palavra ou locução (mais de uma palavra) com valor de pronome pessoal. Geralmente, ele é usado para designar a segunda pessoa do discurso, ou seja, a pessoa com quem se fala, apesar de sempre concordar com a terceira pessoa.

O pronome de tratamento mais usado em nosso cotidiano é **você**, que designa, num diálogo, a pessoa com quem estamos conversando (segunda pessoa), embora o verbo deva aparecer na terceira pessoa. Por exemplo: Você vai ao cinema? (e não "Você vais ao cinema?").

Há um outro pronome que também usamos muito: **senhor** e suas variações. Esse pronome é usado quando queremos demonstrar respeito a pessoas às quais nos dirigimos.

Ao fazer um convite, enviar uma carta, uma petição, um cumprimento, é comum a pessoa se perguntar qual o pronome de tratamento que deve empregar, em meio às dezenas de expressões que se convencionou considerar as mais respeitosas.

Definidos no âmbito das boas maneiras, os pronomes de tratamento são palavras que exprimem o distanciamento e a subordinação em que uma pessoa voluntariamente se põe em relação à outra, a fim de ser agradável e ensejar um bom relacionamento. Por outro lado, lembre-se de que nem sempre demonstramos respeito pelas pessoas e por seus referidos cargos apenas usando pronomes de tratamento.

Disponibilizamos, a seguir, uma tabela que irá orientar você na utilização correta dos pronomes de tratamento.

Forma	Abreviatura singular/plural	Vocativo	Usado para
Vossa ou Sua Excelência	Não se usa	Excelentíssimo Senhor	Presidente e Vice-Presidente da República.
Vossa ou Sua Excelência	V. Exª. (s) S. Exª. (s) Exm^o. (s)	Senhor (+ o título) Excelentíssimo	Presidente da Câmara e do Senado Federal, presidente do Congresso Nacional, presidente de Tribunais, deputados, senadores, governadores, prefeitos, embaixadores, ministros, oficiais, generais, procuradores-gerais, professores catedráticos e outras autoridades de importância.
Vossa ou Sua Excelência	V. Exª. (a) S. Exª. (s) M.M.	Meritíssimo	Juiz de Direito, juiz do Trabalho, juiz eleitoral, juiz federal e auditores de Justiça Eleitoral.
Vossa ou Sua Magnificência	V. Mag^a. (s) V. Mag^a. (s)	Magnífico	Reitores de universidades.
Vossa ou Sua Senhoria	V. S^a. (s) S. S^a. (s) Ilmo. (s)	Senhor (+ o título) Ilustríssimo	Comerciantes, funcionários de igual categoria de quem escreve, chefes de seção, oficiais até coronel e pessoas de cerimônia.

Na carta comercial ou no ofício, antes do texto, o vocativo deve corresponder ao tratamento devido a cada um. Ao presidente da República escreve-se por extenso: "Excelentíssimo Senhor". Às demais autoridades escrevemos usando a abreviatura, conforme consta no quadro anterior.

Empregar com acerto a forma de tratamento adequada e escrever mantendo a uniformidade de tratamento é uma questão de atenção por parte de quem redige o texto.

Concordâncias verbal e nominal dos pronomes de tratamento

Os pronomes de tratamento **vossa excelência, vossa senhoria, vossa eminência** e outros que incluem **vossa** pertencem à terceira pessoa do singular.

A concordância com esses pronomes é feita com o verbo na terceira pessoa, ou seja, embora designem a pessoa com quem falamos (segunda pessoa), esses pronomes exigem verbo na terceira pessoa. Citamos como exemplos:

Vossa Senhoria não concordou com minha posição.

Vossa Excelência tem as melhores referências.

Recebam V. S^{as}. meus mais sinceros agradecimentos.

Devemos, portanto, usar: "Comunicamos a V. S^a. que encaminhamos sua solicitação", evitando: "Comunicamos a V. S^a. que encaminhamos vossa solicitação".

Quando o pronome se dirige a uma só pessoa, os adjetivos que se referem a ela ficam no singular, conforme o sexo do destinatário ou receptor da mensagem. Veja os exemplos a seguir:

V. S^a. está bem **informado** no que se refere ao processo em questão (referindo-se a uma pessoa do sexo masculino).

V. S^a. está bem **informada** no que se refere ao processo em questão (referindo-se a uma pessoa do sexo feminino).

Em caso de impessoalidade do destinatário, isto é, quando se escreve para um órgão público, departamento de um jornal etc., devemos evitar o pronome pessoal de tratamento e usar o pronome possessivo, conforme exemplificamos a seguir:

Em atenção a **seu** anúncio...
Dirijo-me a **esse** departamento...
Peço a atenção **desse** banco...

---

*Quando nos dirigimos a uma empresa, sociedade limitada, sociedade anônima ou outras formas de organização, podemos usar **Prezados Senhores**, pois acreditamos que a empresa seja dirigida por várias pessoas, isto é, por um corpo de diretores.*

Podemos afirmar que agora você já esteja bem preparado(a) no que diz respeito à utilização dos pronomes de tratamento. Mas não custa exercitarmos um pouco mais, para garantir o aprendizado. Vamos então aos exercícios de fixação?

Exercícios

1) Assinale a alternativa **errada**:
   a) ( ) Ata é um registro em que se relata em detalhes o que se passou em uma reunião.
   b) ( ) Devemos lavrar a ata em livro próprio ou em folhas soltas.
   c) ( ) Uma ata não deve ter rasuras.
   d) ( ) Quando houver erros em uma ata, basta apagar e escrever novamente.
   e) ( ) A ata deve ser redigida por um(a) secretário(a) efetivo(a).

2) Redija uma ata de reunião de diretoria, considerando que os diretores decidem pedir falência da empresa.

cir

memorando, nota promissória e convocação

***

No capítulo anterior, vimos como elaborar uma ata e como usar com exatidão os pronomes de tratamento. Vamos, agora, aprender como redigir um memorando, notas promissórias e convocação. Iremos também aprender um pouco mais a como usar corretamente os verbos. Vamos ao que interessa?

Memorando, na linguagem comercial, é uma nota ou comunicação breve emitida entre departamentos de uma mesma empresa, ou entre a matriz e suas filiais, ou entre filiais. Também é conhecido como **comunicado interno** (CI).

O memorando pode, também, indicar um livro de apontamentos ou notas com o objetivo de registrar fatos ou lembretes.

Na terminologia jurídica, significa nota diplomática que é enviada de um país para outro, expondo sucintamente determinada questão.

A linguagem usada na elaboração de um memorando deve ser informal. Não se deve, portanto, usar uma linguagem rebuscada, carregada de preciosismos nem termos excessivamente técnicos.

Os itens que devem constar num memorando são:

- **para** – nome ou cargo do destinatário ou receptor da mensagem;
- **de** – nome ou cargo do emissor ou redator da mensagem;
- **assunto ou referência** – o título que resume o teor da mensagem ou comunicação;
- **data**;
- **mensagem**;
- **fecho ou encerramento**;
- **assinatura**.

O memorando, exceto o jurídico, é um tipo de correspondência rotineira; portanto, deve-se evitar a explicação de siglas e a apresentação de personagens envolvidos na referida comunicação.

Se o memorando for distribuído em diversos departamentos, é de bom tom que se evite colocar apenas as siglas do departamento emissor ou somente o primeiro nome do receptor das cópias.

Deve-se evitar, ainda, o uso de chavões, frases feitas e adjetivos inúteis.

Com o avanço da tecnologia, em especial da computação, os memorandos estão sendo substituídos pelo que chamamos de **intranet** – rede de comunicação interna via computador. Esse meio é muito mais rápido e possibilita que um documento possa ser enviado a muitas pessoas ao mesmo tempo.

Modelo de memorando

Para:	Departamento:
Todos	Todos
De:	Departamento:
João das Alfaces	Recursos Humanos

Curitiba, 11/09/2003

Ref.: Justificativa de falta

Tendo em vista o excesso de faltas ao serviço por motivo de doença, verificado ultimamente em nossa empresa, comunicamos que a partir desta data as faltas deverão ser justificadas mediante atestado médico fornecido pelo INSS ou pela Saúde da Família, empresa que mantém convênio conosco.

O não cumprimento da exigência implicará desconto no salário, conforme previsto em leis trabalhistas.

João das Alfaces
Chefe do Departamento de Talentos Humanos

Nota promissória

Esse documento é muito importante para as empresas, pois representa a promessa de pagamento feita pelo próprio devedor ao credor, em que ele (devedor) se obriga a pagar uma soma prefixada. É, pois, um título de crédito.

Duas figuras são obrigatórias na **nota promissória**: quem deve e vai assumir o débito, ou seja, o devedor (emitente), e quem vai receber o pagamento da dívida, isto é, o credor (tomador).

A nota promissória é negociável por meio de endosso e, pelo fato de ser emitida pelo próprio devedor, não cabe nenhuma contestação posterior sobre a causa (dívida) que deu origem à obrigação (pagamento do débito).

Os requisitos essenciais no preenchimento de uma nota promissória são os seguintes:

- denominação "nota promissória";
- valor a ser pago por extenso;
- nome da pessoa a quem a nota promissória deve ser paga;
- assinatura do emitente (devedor).

Geralmente, as empresas têm modelos próprios de notas promissórias, pois na maioria das vezes esses documentos já vêm impressos.

Convocação

É uma forma de comunicação escrita em que se convida ou convoca alguém para uma reunião. Ao redigir uma **convocação**, é necessário especificar local, data e finalidade da reunião. O vocabulário deve ser simples, com palavras usadas no dia a dia e frases curtas. O convocado deve entender o objetivo da convocação de imediato, ou seja, ela deve ser clara e não suscitar dúvidas.

Modelo de convocação

Empresa Sóturismo S.A.

Companhia Aberta

CGC/MF nº 000 000222/0001

Assembleia geral extraordinária

Edital de convocação

Convocamos os senhores acionistas para se reunirem em Assembleia Geral Extraordinária em sua sede social, na Avenida dos Palmitos, 222, em Pato Branco (PR), a realizar-se no dia 12 de junho de 2003, às 18h, a fim de deliberar sobre a seguinte ordem do dia:

1. exame e apreciação da proposta para incorporação da empresa PATOTUR Ltda., consoante os termos e condições fixadas nos instrumentos de "Justificação e Protocolo de Incorporação", firmados entre a empresa citada e esta sociedade;

2. confirmação da nomeação dos peritos avaliadores do patrimônio líquido da empresa a ser incorporada;

3. exame e apreciação dos laudos de avaliação e demais deliberações necessárias à incorporação proposta;

4. outros assuntos pertinentes.

Pato Branco, 29 de maio de 2003.

Antônio Pedra Bruta
Presidente do Conselho de Administração

Tópicos gramaticais importantes

Verbo

Sabemos que não há oração sem verbo e, por esse motivo, ele é considerado como a palavra fundamental. Isso nos mostra a importância do verbo nas comunicações. Por outro lado, é no verbo que residem as maiores dificuldades para quem redige textos, em especial os comerciais.

Não vamos expor em detalhes as conjugações verbais, pois elas podem ser encontradas nas gramáticas. Vamos apresentar os casos que mais geram dúvidas e que levam a erros frequentes.

Verbo é uma palavra variável que expressa ação, estado ou fenômenos da natureza.

- São verbos de ação: **digitar, trabalhar, escrever, ler** etc. Toda ação produz um efeito e exige uma causa.
- São verbos de estado: **ser, estar, permanecer, continuar, ficar, parecer** etc.
- São verbos que indicam fenômenos da natureza: **chover, gear, nevar** etc.

Enquanto o substantivo situa o ser no espaço, o verbo o faz no tempo, indicando ação, movimento ou estado. Ele indica o início, a duração ou o resultado de um processo ou momento da ocorrência de um fato.

O que é modo verbal? E tempo verbal?

Modo são as formas variadas que o verbo toma para indicar certeza, dúvida, suposição, ordem da pessoa que fala em relação ao que enuncia. Expressa a atitude de quem fala diante do processo verbal. Os modos verbais são o indicativo, o subjuntivo e o imperativo.

Tempo é a variação que indica o momento em que ocorre o fato expresso pelo verbo (presente, passado ou pretérito e futuro).

Como formar o imperativo

1) **Imperativo afirmativo**: recorremos ao presente do indicativo e ao presente do subjuntivo. As segundas pessoas, do singular (tu) e do plural (vós), são tiradas do presente do indicativo, eliminando-se o **-s** final, e as demais, do presente do subjuntivo, sem alteração alguma. Fica assim:

Presente do indicativo	Imperativo afirmativo	Presente do subjuntivo
digo	não se usa	diga
dizes	→ dize tu	digas
diz	diga ele, você ←	diga
dizemos	digamos nós ←	digamos
dizeis	→ dizei vós	digais
dizem	digam eles, vocês ←	digam

2) **Imperativo negativo**: a formação desse imperativo é bem mais simples. Ele toma todas as formas do presente do subjuntivo, sem nenhuma alteração. Fica assim:

Presente do subjuntivo	Imperativo negativo
diga	não se usa
digas	(não) digas tu
diga	(não) diga ele, você
digamos	(não) digamos nós
digais	(não) digais vós
digam	(não) digam eles, vocês

Esses princípios são aplicáveis a todos os verbos, com exceção do verbo **ser**, que no imperativo afirmativo tem formação irregular na segunda pessoa do singular e do plural: **sê tu/sede vós**.

O desempenho verbal, oral ou escrito, exige do emissor consideração em relação ao receptor, ou seja, ele deve falar e escrever respeitando a capacidade que o ouvinte ou leitor tem para decodificar a mensagem por ele emitida.

A redação comercial utiliza como linguagem oficial a norma-padrão. Portanto, é uma exigência que a correspondência comercial seja redigida em conformidade com as regras estabelecidas pela gramática normativa.

Há vários problemas gramaticais relacionados ao uso de verbos, principalmente em comunicação escrita. Entre os existentes, citamos o uso do verbo **ter** com sentido de **haver** (**"tem muita gente na praia"**), flexão do verbo **haver** com sentido de existir (**"haverão prêmios"**) e flexão do verbo **fazer** quando indica tempo (**"fazem dois dias que não como"**).

O domínio dos tempos verbais pode favorecer ao redator selecionar a expressão mais adequada ao seu texto. Vejamos como podemos empregar os tempos verbais corretamente. Usamos o **presente do indicativo** para:

- enunciar um fato real;
- indicar ações e estados permanentes;
- dar relevância a fatos ocorridos no passado;
- salientar um fato futuro, mas próximo.

O **pretérito imperfeito** é usado para:

- descrever fatos ou narrar acontecimentos do passado;

- indicar que uma ação estava acontecendo quando ocorreu outra;
- indicar ação passada rotineira, habitual;
- atenuar uma afirmação: **briguei com você ontem e vinha pessoalmente pedir desculpas**;
- situar acontecimentos no tempo, vagamente.

O **pretérito imperfeito** não nos dá a ideia de uma ação perfeitamente acabada, por isso ele é chamado de "passado imperfeito". Indica uma ação duradoura, não limitada no tempo.

O **pretérito perfeito**, como o próprio nome já determina, indica uma ação com começo, meio e fim. A ação está totalmente concluída.

O **pretérito mais-que-perfeito** indica que uma ação ocorreu antes de outra ação também passada: **A secretária entrara na empresa antes que o diretor a visse.**

A importância da conjugação verbal não está no fato de saber ou não os nomes de todos os tempos verbais, mas sim na necessidade de usar o tempo correto para cada circunstância. Se isso não for feito, alteraremos o sentido da frase, ou esvaziaremos as afirmações de qualquer sentido, obrigando o leitor a adivinhá-lo.

Exercícios

1) Redija um memorando ao seu superior hierárquico, solicitando dispensa de trabalho, pois você irá se casar.

2) Redija uma convocação para uma reunião de diretoria em que os seguintes aspectos deverão ser decididos: a data da entrega do prêmio Funcionário do Ano, a mudança para uma nova sede e um aumento salarial para os funcionários.

3) Tempo verbal que expressa um fato anterior a outro acontecimento que também é passado:
   a) ( ) pretérito imperfeito
   b) ( ) pretérito perfeito
   c) ( ) futuro do pretérito
   d) ( ) pretérito mais-que-perfeito
   e) ( ) futuro do presente

4) Assinale a alternativa que está de acordo com a norma-padrão:
   a) ( ) Haverão muitas pessoas na reunião.
   b) ( ) Fazem duas semanas que Paulo não aparece.
   c) ( ) Carlos disse que tem várias pessoas pedindo emprego.
   d) ( ) Haviam muitos carros quebrados no pátio da empresa.
   e) ( ) Haverá muitas contas a pagar no próximo mês.

* * *

se

is

ofício, requerimento e procuração

***

Neste capítulo, você aprenderá como elaborar ofício, requerimento e procuração. Abordaremos também o uso inadequado de algumas palavras e expressões.

Ofício é um tipo de texto usado pelos órgãos oficiais para se comunicarem entre si (setor público/setor público) e com o setor privado (setor público/empresa privada).

O ofício é diferente da carta comercial, pois seu caráter é oficial. A empresa privada só pode receber ofício de órgãos públicos.

Um ofício é composto por:

- **timbre ou cabeçalho** – dizeres impressos na folha identificando o órgão ou a empresa pública;

- **índice e número** – iniciais do órgão que envia o ofício, seguidas do número do documento, pois todo ofício é numerado. Exemplo: **of. n.º drh/222-03**, que significa **ofício n.º 222, do ano de 2003 e expedido pelo departamento pessoal**;
- **local e data** – devem ser escritos na mesma altura do índice e do número e coloca-se ponto após o ano. Exemplo: **Curitiba, 10 de junho de 2003**;
- **assunto** – usa-se quando o documento é extenso;
- **vocativo ou invocação** – tratamento ou cargo do destinatário. Exemplos: **Senhor Diretor**, **Senhor Presidente**, **Senhor Diretor de Recursos Humanos**;
- **texto** – exposição do assunto do ofício. Se o texto do documento ocupar mais de uma folha, deve-se escrever dez linhas na primeira folha e o restante nas demais. Repetem-se o índice e o número nas demais folhas, acrescentando-se o número da folha. Exemplo: **ofício 222/03 – fl. 3**;
- **fecho ou cumprimento final**;
- **assinatura** – nome de quem envia o ofício com o cargo e a função. Exemplo: **Marcos das Couves, Chefe do Departamento Pessoal**;
- **anexos** – se o ofício possuir anexos, colocar assim: **/4** – significa que o ofício tem quatro anexos. Quando for apenas um anexo, o certo é: **anexo: certificado de alistamento militar** ou **anexa: nota fiscal**. A palavra **anexo** concorda com o substantivo a que se refere em gênero e número;
- **endereço** – pronome de tratamento, nome de quem vai receber a mensagem e cargo ou função de quem a envia, seguidos do local de onde se originou a mensagem e do local para onde ela está sendo destinada. Ao final do endereço, colocar ponto.

Requerimento

Trata-se de uma petição ou solicitação endereçada a uma autoridade do serviço público na qual se solicita algo permitido por lei ou que se supõe ser. Já a petição é uma solicitação sem certeza legal, isto é, não se sabe se há leis que amparam tal pedido. Tanto a pessoa física quanto a jurídica (empresas) podem encaminhar requerimentos.

Entre a invocação e o texto, deve haver espaço para o despacho (sete linhas quando for papel com pauta ou sete espaços interlineares duplos se o papel não for pautado).

*Expressões como **abaixo assinado** e **muito respeitosamente** não são mais usadas.*

Um requerimento é composto por:

- **invocação** – pronome de tratamento, cargo e órgão a que se dirige. Não se menciona o nome da autoridade para quem se envia o requerimento e não se coloca nenhuma forma de saudação;
- **texto** – nome do requerente, sua filiação, naturalidade, estado civil, profissão e residência. Expõe-se o que se deseja e justifica-se com base em documentos legais e outros documentos;
- **local e data**;
- **assinatura**.

Não se usa *pede e aguarda deferimento*.

Modelo de requerimento

Exmo. Sr. Prefeito Municipal de Curitiba

(10 espaços)

Nós, moradores do bairro Tarumã, vimos requerer de V. Exa. o asfaltamento das ruas Pedro Álvares Cabral e Epitácio Pessoa com urgência, pois em dias secos a poeira invade as casas, prejudicando a saúde das pessoas e, em dias chuvosos, suas vias públicas ficam intransitáveis, até para os ônibus.

(2 espaços)

Curitiba, 7 de março de 2000.

(2 espaços)

Assinatura:

Endereço:

Procuração

É um documento que uma pessoa passa a alguém para que possa tratar de negócios em nome de outra. Estabelece-se legalmente essa incumbência, outorga-se o mandato e explicitam-se os poderes conferidos. A assinatura de quem passa a procuração deve ser reconhecida em cartório.

Modelo de procuração

Maria dos Anzóis Pereira, brasileira, divorciada, professora, residente na rua dos Sacrifícios, n.º 1313, na cidade de Curitiba, Estado do Paraná, portadora do RG n.º 1.234.432-1, CPF n.º 456.789.000-00, pelo presente instrumento de procuração nomeia seu bastante procurador **Alberto Santos Dumond**, brasileiro, solteiro, inventor, residente na rua dos Aviões n.º 13, na cidade de Cuiabá, Estado do Mato Grosso, portador do RG n.º 5.555.666-6, CPF n.º 100.200.440-22, para representá-la junto à Cemat (Centrais Elétricas de Mato Grosso), com a finalidade de negociar suas ações da referida companhia, podendo receber pagamentos, realizando todos os atos necessários a esse fim, dando tudo por firme e valioso, a bem deste mandato.

Curitiba, 10 de maio de 2003.

_____
Assinatura com firma reconhecida

Não se esqueça de sempre reler o que escreveu para verificar se serão necessárias alterações e efetuá-las antes de enviar a correspondência.

Tópicos gramaticais importantes

Expressões e palavras inadequadas

Há muitas expressões e palavras que as pessoas usam frequentemente de maneira incorreta, comprometendo a qualidade do texto. Essas expressões até podem ser aceitas na fala, desde que o contexto não seja formal, mas não no texto escrito.

Como dissemos anteriormente, é obrigação de quem redige fazer-se entender, ou seja, transmitir corretamente suas ideias, independentemente do tipo de texto que esteja redigindo.

Eis algumas das palavras e expressões a que nos referimos:

- **que nem**: é uma expressão muito usada na oralidade, mas na escrita deve ser evitada. Substitua essa expressão por **como** ou **igual**.
  Exemplo: Ele é honesto **que nem** eu.
  Substitua por: Ele é honesto **como** eu.

- **através de**: o sentido dessa locução é **por dentro de**, **de um lado para outro de**, **por entre** e **ao longo de**. Não use essa expressão com o sentido de **por meio de** ou **por intermédio de**, **por**, **pelo** e **pela**.
  Exemplo: Soube da demissão do José **através do** Manoel.
  Substitua por: Soube da demissão do José **por intermédio do** Manoel.

- **reverter/inverter**: **reverter** é voltar à situação primitiva. Devemos usar essa palavra quando quisermos expressar ideia de retorno. Caso a ideia seja a de mudar o sentido, ou seja, mudar para o sentido oposto, usamos a palavra **inverter**. Se a ideia for de mudança, usam-se as palavras **alterar**, **mudar** ou **modificar**.

Exemplo: O Flamengo precisava **reverter** o resultado do jogo.

Substitua por: O Flamengo precisava **alterar** o resultado do jogo.

- **junto a**: usamos de maneira errada, na maioria das vezes, essa locução, que significa **ao lado**, **próximo a** e **perto de**.

  Exemplo: Fiz uma solicitação de empréstimo junto ao banco.

  Substitua por: Fiz uma solicitação de empréstimo **no banco**.

- **maiores informações**: é muito comum (você poderá observar isso em malas diretas) o uso dessa expressão com o sentido de **mais informações**. Na verdade, o que se pretende é fornecer uma quantidade maior de informação. Portanto, o correto é: **Para mais informações, ligue para 0800 1234 1234**.

Optamos por essas expressões e palavras por serem as mais usadas.

Vamos, a partir deste capítulo, disponibilizar listas de palavras e expressões muito usadas em nossos textos, mas que muitas vezes empregamos de forma incorreta.

Vamos a elas?

- Acender = atear fogo.
  Ascender = subir, elevar-se.

- Acento = sinal gráfico.
  Assento = lugar onde se senta: cadeira, banco.

- Acerca de = a respeito de, sobre.
  A cerca de = indica distância aproximada.
  Há cerca de = indica tempo passado aproximado.

- Afim = semelhante.
  A fim de = para, com o objetivo de.
- Ao invés de = ao contrário de, em oposição.
  Em vez de = em lugar de.
- A par = ciente (estar a par dos acontecimentos).
  Ao par = de acordo.
- Avocar = atribuir-se, chamar, atrair.
  Evocar = lembrar, recordar.
- Área = superfície.
  Ária = melodia, cantiga.
- Caçar = relativo ao esporte de caça, apanhar.
  Cassar = invalidar, anular; diz respeito a documentos e direitos.
- Casual = ocasional, acidental.
  Causal = relativo a causa.
- Censo = recenseamento, conjunto de dados estatísticos.
  Senso = juízo, relativo aos sentidos.
- Cessão = ato de ceder, dar.
  Seção = departamento, setor, subdivisão.
  Sessão = reunião.
- Comprimento = extensão.
  Cumprimento = saudação, ato de cumprir.
- Concertar = harmonizar, conciliar, combinar (concerto musical).
  Consertar = restaurar, remendar (conserto de sapatos).
- Delatar = denunciar
  Dilatar = aumentar.
- Deferir = conceder, outorgar.
  Diferir = divergir, ser diferente, adiar.

- Descrição = ato de descrever.
  Discrição = reserva, ato de quem é discreto.
- Descriminar = tirar a culpa, inocentar, isentar de crime.
  Discriminar = separar, discernir (discriminar receita e despesa).
- Emigrante = o que sai do próprio país.
  Imigrante = o que entra em país estranho.
- Emergir = vir à tona.
  Imergir = mergulhar.
- Emitir = expedir, enviar, publicar.
  Imitir = fazer entrar, investir.
- Empoçado = que formou poça (de água).
  Empossado = investido na posse (do cargo).
- Espectador = assistente, testemunha.
  Expectador = esperançoso, que tem expectativa.
- Esperto = inteligente, ativo, sagaz.
  Experto = perito, especialista (vem da palavra inglesa *expert*).
- Flagrante = evidente, óbvio; ato em que a pessoa é surpreendida.
  Fragrante = perfumado, aromático.
- Infligir = aplicar ou impor castigo.
  Infringir = transgredir, violar (leis e regras).
- Mandado = que deve ser, para ser feito.
  Mandato = autorização, procuração.
- Preceder = vir antes.
  Proceder = levar a efeito, ter causa justificada por lei.
- Prescrito = receitado, determinado, anulado.
  Proscrito = proibido, condenado ao exílio.

- Ratificar = validar, confirmar.
  Retificar = emendar, corrigir.
- Sedente = que tem sede.
  Cedente = que cede, dá.
- Sortido = abastecido (variadamente).
  Surtido = do verbo surtir (resultar).
- Soar = produzir som, ecoar.
  Suar = transpirar.
- Sustar = suspender, interromper.
  Suster = sustentar, manter.
- Tráfego = trânsito, fluxo.
  Tráfico = comércio ilegal.
- Vestiário = guarda-roupa, onde se troca de roupa.
  Vestuário = conjunto de roupas que vestimos.
- Vultoso = volumoso, grande.
  Vultuoso = vermelho e inchado (rosto).

Exercícios

1) Você foi aprovado(a) em concurso público municipal, mas não foi chamado(a). Redija um requerimento solicitando sua vaga.

2) Mas, por azar, você ficou sabendo da aprovação durante viagem de férias. Portanto, redija uma procuração autorizando alguém a resolver esse problema para você.

3) Preencha os espaços com a expressão correta:
   a) Maria é pontual................eu. (que nem/como)
   b) A empresa dobrou as vendas de junho................as de maio. (sobre/em relação às)
   c) Soubemos da abertura de mais uma filial................ do diretor administrativo. (através/por intermédio)
   d) A nossa empresa comunica-se internamente................ de memorandos. (através/por meio)

4) A empresa pública em que você trabalha está fazendo uma pesquisa de mercado e necessita de dados oficiais acerca da população e da renda *per capita* do município onde pretende lançar um produto. Redija um ofício solicitando todos os dados referentes ao município em questão.

se

te

relatório e mala direta
✳ ✳ ✳

Você já viu como redigir ofícios, requerimento e procuração, além de ter aprendido a usar corretamente algumas expressões e palavras.

Neste capítulo, vamos entender como elaborar relatório e mala direta, bem como ver mais algumas expressões que podem causar problemas na elaboração de textos. Já que vamos estudar relatórios, achamos importante falar um pouco também sobre o que é *feedback* e também **brainstorming**.

Relatório é o documento por meio do qual se expõem os resultados de atividades variadas. Esse tipo de texto assume a cada dia maior importância na administração moderna, porque é impossível para um administrador ou um técnico, em cargo executivo, conhecer e acompanhar pessoalmente todos os fatos, situações e problemas que devem ser examinados.

Os relatórios são comunicações que relatam fatos, procedimentos ou dados importantes para a empresa. A finalidade deles é fornecer rapidamente informações essenciais. Eles podem ser de auditoria, contábil, controle, cobrança, rotina, vendas, viagem, inspeção etc.

São, também, definidos como formais, informais, informativos, analíticos e para fins especiais. Os mais comuns são os informais, e sua principal característica é o tamanho, ou seja, ocupam no máximo duas páginas.

Profissionais de todas as áreas têm de estar devidamente capacitados para produzir bons relatórios, pois não basta apenas redigi-los, é preciso saber onde, como e quais dados coletar.

Quanto mais curto um relatório, mais simples ele será. Saiba que a simplicidade não é um problema, pelo contrário. Em qualquer tipo de texto, o que importa é não omitir informações necessárias para o entendimento dele. Com os relatórios não é diferente.

Caso você tenha de produzir um relatório longo, saiba que a organização das ideias e a ordenação dos dados são de extrema importância para que o destinatário possa compreender o que está sendo exposto.

Veja algumas dicas importantes:

- faça sempre uma folha de rosto que contenha data, assunto e nome do setor ou do profissional responsável pelo relatório;
- quando o relatório tiver de ser longo, faça um índice detalhado do que está sendo tratado nele para que o destinatário possa ter uma ideia do teor do documento. Coloque-o logo após a folha de rosto;
- elabore um índice para organizar o texto por temas, o que facilitará a leitura;
- coloque, entre os anexos, as informações consideradas acessórias ou secundárias;
- faça uma revisão antes de encerrá-lo e enviá-lo;

- recomenda-se que seja feito um trabalho prévio de esquematização das ideias (plano ou esquema), pois tal procedimento possibilitará a eliminação de pormenores excessivos, além de facilitar a percepção da necessidade do acréscimo de informações.

O passo inicial para a realização do plano é listar as ideias e informações que comporão o relatório. A fase seguinte é de classificação dessas ideias.

Observe o exemplo de um plano ou esquema de um relatório de produção:

---

1. **Objetivo**
2. **Estabelecimento de cronograma**
3. **Tarefas realizadas**
   3.1. Quantidade
   3.2. Qualidade
4. **Tarefas que serão realizadas**
   4.1. A curto prazo
   4.2. A médio prazo
   4.3. A longo prazo
5. **Tarefas impossíveis de realizar**
   5.1. Impossibilidade técnica
   5.2. Insuficiência técnica
   5.3. Insuficiência de recursos financeiros
6. **Necessidade de atualização da maquinaria e contratação de pessoal.**

Após elaborar o plano ou esquema, você organizará o seu texto. Lembre-se de que você já definiu as ideias e informações a serem incluídas em seu relatório. O próximo passo é redigi-lo.

Algumas empresas definem seus próprios modelos e os fornecem impressos aos funcionários.

Estilos de relatórios

O texto deve ser claro e atender às exigências gramaticais. Como já dissemos anteriormente, os relatórios podem ser de estilo **formal** e **informal**. Vamos falar detidamente do estilo **formal**, uma vez que ele exige mais do redator. Devem ser evitados os pronomes pessoais (eu, nós), pois trata-se de um documento que exige formalidade. Veja algumas sugestões:

- não use abreviações e palavras estrangeiras;
- evite as gírias;
- use a terceira pessoa (ele, ela);
- dê preferência à voz ativa em detrimento da voz passiva (**fulano disse tal coisa**, ao invés de **tal coisa foi dita por fulano**);
- o relatório deve ser de fácil leitura e, quanto mais compreensível for, maior será sua eficácia;
- a estética é muito importante, pois ela desperta o interesse do leitor;
- observe se você está efetuando corretamente as concordâncias nominal e verbal;
- não use ponto de exclamação nem reticências.

Quando falamos em estilo formal, não estamos querendo dizer que seu relatório deva ser cansativo e com um vocabulário rebuscado. Lembre-se de que cabe ao redator de um relatório a missão de passar, via documento escrito, todas as informações necessárias para respaldar uma provável tomada de decisão.

Ao elaborar um relatório, você contará com o auxílio de tabelas. Elas servem para organizar a informação em colunas e fileiras, o que imporá uma ordem lógica às informações e possibilitará ao leitor fazer comparações de dados, além de economizar espaço.

Para redigir um bom relatório, não basta alinhar os fatos. Ele deve ser objetivo, informativo e apresentável. O relatório constitui um reflexo de quem o redige, pois espelha sua capacidade.

Normas para a elaboração de um bom relatório

Lido, examinado e arquivado, o relatório será, a qualquer tempo, um documento hábil e a demonstração do trabalho de seu autor. Daí a necessidade de as pessoas encarregadas de elaborá-lo aprimorarem, ao máximo, sua execução, obedecendo a algumas normas básicas que lhe darão coerência, tornando-o claro e fácil de ser consultado.

a) Extensão adequada

Sempre que possível, convém evitar produzir um relatório muito longo, pressupondo-se que ele é feito exatamente para economizar o tempo da pessoa que o lê. Quando o relatório for curto, poder-se-ão numerar os parágrafos (na margem esquerda, com exceção do primeiro).

b) Linguagem

A linguagem deve ser objetiva, despojada, precisa, clara e concisa, sem omitir qualquer dado importante. Aconselha-se a elaboração de um relato sucinto, acompanhado de possíveis anexos, quadros e até gráficos. Às vezes, o relatório apresenta tradução em uma ou mais línguas.

c) Redação

A redação deve ser simples, com boa pontuação e ortografia correta. Se for de técnico para técnico, o relatório poderá ser redigido na linguagem específica comum. Se for redigido para um leigo, deve-se procurar "traduzir" as expressões que possam causar dúvidas.

d) Objetividade

O bom relatório não fugirá às suas destinações específicas, evitando rodeios, floreios de linguagem, pois sua qualidade essencial deve ser a clareza.

e) Exatidão

As informações serão precisas, não deixando quaisquer dúvidas quanto aos problemas, números, cifras e estatísticas. Quem elabora um relatório é responsável pelo seu conteúdo total. Por isso, cabe-lhe aferir detidamente a validade das fontes de consulta.

f) Conclusão

O relatório necessariamente levará a uma conclusão, conquanto possa sugerir providências posteriores para a complementação de um trabalho.

g) Apresentação

Na digitação, os espaços serão amplos, mas não excessivos, a fim de facilitar a leitura, tornando-se indispensável uma capa titulada, para que se saiba do que se trata.

Encaminhamento do relatório

Dependendo de prévia deliberação, o relatório pode ser encaminhado ou não por meio de um ofício.

Elaboração do relatório

Antes de redigi-lo, responda a estas perguntas:
- o quê?
- por quê?
- quem?
- onde?
- quando?
- como?
- quanto?
- e daí?

Uma vez coletados todos os elementos, tendo-se respondido às oito perguntas mencionadas, verificadas as notas, o autor lançará mão de uma outra fórmula, a fim de racionalizar e facilitar seu trabalho, montando o esquema do que irá redigir. Isso envolverá desde o título até o fecho e obedecerá a uma ordem lógica tendente a facilitar a primeira leitura do relatório e seu futuro manuseio.

Para tanto, o relatório será dividido em partes distintas, nas quais estarão contidos todos os dados necessários à análise de quem vai recebê-lo. Abaixo, damos uma sugestão de montagem de relatório:

- **título**: sintético e objetivo, dando uma ideia do todo.
- **objetivo**: introdução ao problema; objetivo do trabalho.
- **delimitação**: mencionar o que deixou de ser abordado.
- **referências**: fontes de consultas, trabalhos, pessoas etc., tendo o cuidado de, no final e no corpo do trabalho, referenciar cientificamente a bibliografia consultada.
- **texto principal**: observações, dados, números, comentários.
- **conclusões**: resumos, resultados e constatações.
- **sugestões**: providências recomendadas, investigações, observações, novos estudos, alternativas etc. As seções, partes, capítulos, subdivisões de capítulos, itens e subitens de um relatório devem obedecer a uma numeração racional.

Quanto à apresentação, o relatório contém três partes bem definidas: introdução, contexto (desenvolvimento) e conclusão.

Composição do relatório

1) Capa

A capa conterá o nome da organização, o título do trabalho, setor que elaborou, nome do autor.

2) Folha de rosto (opcional)

A folha de rosto repete mais ou menos o que contém a capa.

3) Sumário

O sumário contém três colunas: a da esquerda enumera as divisões e subdivisões do relatório; a da direita indica o número das páginas; a do centro indica os itens do trabalho. Horizontalmente, as partes são ligadas por linhas pontuadas.

4) Sinopse

A sinopse é a condensação do trabalho, expressa de forma concisa e objetiva, realizada pelo próprio autor, enfatizando os aspectos importantes. Não se confunde com o resumo, que é feito por outra pessoa.

5) Introdução

A introdução é um prefácio em que se justifica o trabalho e se dão as suas diretrizes.

6) Contexto

O contexto é o desenvolvimento do relatório.

7) Conclusões

As conclusões devem ser inferidas naturalmente do corpo do trabalho.

8) Anexos

Os anexos são todo material que complemente e enriqueça a descrição do relatório, como: organogramas, gráficos, fotografias, tabelas etc.

Como você pode notar, redigir textos, sejam eles formais, sejam eles informais, não é tão difícil quanto pode parecer. O importante é que você saiba o que dizer, para quem dizer e como dizer. Resolvido isso, é só partir para a elaboração do relatório. É bem mais simples do que você imagina. Mas é preciso fazer para aprender.

Você já deve ter notado que estamos intercalando a comunicação oral e a escrita. Não lhe parece óbvio? Elas têm uma relação muito grande, pois todo texto escrito nasce da oralidade, embora a escrita não seja uma reprodução da fala. Pronto(a) para aprender sobre o que são e para que servem o *feedback* e o *brainstorming*?

Feedback

Esse termo foi emprestado da cibernética, embora seja utilizado em outras áreas, como educação e psicologia. O *feedback* designa o conjunto de sinais perceptíveis que permitem conhecer o resultado da emissão de uma mensagem, ou seja, se ela foi bem recebida ou não. É o que chamamos de realimentação do processo comunicacional oral. O professor, por exemplo, pode falar durante todas as aulas sem dar oportunidade de o aluno intervir, isto é, perguntar ou comentar alguma coisa. Estará, assim, sendo, além de autoritário, um péssimo professor, pois estará impedindo que o *feedback* ocorra e que possa haver a revisão de seus métodos didáticos para que o aluno aprenda melhor.

O *feedback* pode adquirir várias formas:

- repetição completa e sistemática das informações (repetição da mensagem transmitida pelo telefone);
- verificação final por meio de pergunta feita pelo emissor (**todos entenderam?**);

- verificação durante o processo comunicacional (**certo?, posso prosseguir?, vocês estão entendendo até aqui?** etc.);
- verificação por meio de perguntas feitas pelo(s) receptor(es), desde que o emissor dê espaço para isso;
- verificação por meio de sinais não verbais do(s) receptor(es), como expressões faciais, que possibilitam ao emissor ajustar seu discurso.

Viu como o *feedback* é importante? Lembre-se sempre de que devemos dar espaço aos nossos receptores ou ouvintes, pois podemos não estar sendo entendidos. Promova sempre o *feedback*, pois ele favorece o processo comunicacional ao dissipar as dúvidas e as possíveis tensões no relacionamento entre emissor(es) e receptor(es).

Brainstorming

Esse termo é conhecido como "tempestade de ideias" ou "tempestade cerebral". Só pelo nome já é possível imaginar para que serve, não é mesmo? O objetivo dele é a produção intensiva, por um pequeno grupo de pessoas, de ideias novas e originais. Esse método, o *brainstorming*, baseia-se na criatividade das pessoas que compõem determinado grupo, nunca composto por mais de dez pessoas. O seu funcionamento é simples. Preste bastante atenção para que você possa praticá-lo.

Inicialmente, reúna um grupo de pessoas e exponha um determinado problema de maneira clara. Os participantes, após ouvirem a sua exposição acerca do problema, apresentam, no período de uma hora, suas ideias. Eles têm total liberdade para emitir as ideias mais absurdas possíveis, mas devem se esforçar para expor o maior número delas num menor espaço de tempo. É importante que ninguém critique as ideias colocadas, mas que ouçam todos os membros do grupo. Deve haver um coordenador para que todos tenham oportunidade de se expressar, porém quem coordenar também não deve criticar as ideias do grupo, pois a espontaneidade é importante aliada da criatividade. O papel do coordenador é passar a palavra aos participantes e reformular as ideias confusas sem criticá-las. Nos momentos em que os membros do grupo estiverem pensando e ninguém estiver falando, o coordenador pode realizar uma síntese parcial do que foi exposto. Os observadores, em silêncio, anotam todas as colocações.

Em seguida, é elaborada uma lista de ideias, a partir da qual serão relacionadas as mais originais, as mais viáveis e as mais eficazes para solucionar o problema colocado durante o início do processo. Os membros do grupo que participaram do *brainstorming* não podem fazer parte do "júri", pois podem tentar favorecer as próprias ideias. Portanto, é importante deixar alguns membros do grupo como observadores, ou seja, como membros do "júri".

O *brainstorming* possui dois métodos: de casos e exposição-participação. Vamos tratar de cada um deles.

Método de casos

É a descrição de uma situação real e problemática, ocorrida dentro de uma empresa e que objetiva encontrar uma solução. Esse método consiste em:

- analisar a situação em grupo, identificando os fatores que compõem o problema;
- identificar o problema central (expor as questões-chave);

- discuti-lo, compreendendo o caso em todos os seus aspectos; problema colocado, assim como suas possíveis consequências, esgotam-se todas as possibilidades que o originaram e procuram-se as prováveis soluções;
- selecionar as soluções que parecem ser as melhores, expondo suas vantagens.

O coordenador solicita a cada participante que tome consciência individualmente do caso e que tente encontrar uma solução para o problema exposto. Durante a reunião do grupo, colocam-se em discussão as soluções propostas, de acordo com os princípios expostos anteriormente. O comportamento do coordenador é o mesmo que teria numa sessão de *brainstorming* ou numa reunião/discussão.

A sessão é encerrada por uma síntese, e deve ser elaborado um relatório.

Exposição-participação

É uma maneira interessante de conduzir uma exposição, desde que o tema a ser exposto não exija da plateia um conhecimento especializado.

O coordenador deve conhecer muito bem o assunto a ser apresentado e o público ouvinte. Numa primeira etapa, ele expõe o assunto por uns dez minutos, tentando mostrar ao público a importância do tema em questão e suscitar o interesse dos participantes. Numa segunda etapa, abre o diálogo com uma questão cuidadosamente escolhida. Num terceiro momento, o coordenador orienta as respostas e as intervenções num sentido previamente estabelecido por ele (para isso, já deverá ter fixado esquemas com limites da exposição e ter escrito num quadro as principais questões a serem abordadas). Ele deve ter o cuidado de não permitir que os participantes fujam ao tema e a seus elementos principais.

Na conclusão, recapitula os principais pontos abordados e, se necessário, comenta alguma coisa sobre o que foi discutido, deixando sempre claro que as soluções partiram do auditório e não dele.

Mala direta

Você já recebeu correspondências de empresas tentando vender produtos ou serviços em sua casa, pelo correio? Pois bem, isso é o que chamamos de **mala direta**. É um dos meios mais utilizados para buscar novos clientes, oferecer produtos ou serviços. Esse tipo de texto deve ser mais elaborado, pois terá de conquistar o leitor ou destinatário.

Agora vamos fornecer algumas informações importantes para a confecção desse tipo de correspondência:

- conheça bem o produto ou serviço que sua empresa pretende vender;
- pense, ao redigir o texto da mala direta, como um(a) potencial cliente;
- use argumentos que possam convencer o(a) cliente, mas não exagere nem invente nada;
- se você não colocar telefone, endereço ou *e-mail* para contato, será um trabalho perdido, pois não obterá retorno do cliente;
- o texto de apresentação é muito importante.

Tenha sempre à sua disposição endereços e nomes de potenciais clientes. Você poderá obtê-los das mais variadas formas e armazená-los por categorias (etiquetas com o nome, endereço e preferências do cliente). Dentre as categorias existentes, podemos citar "grandes clientes", "médios clientes", "pessoas físicas" etc.

Há, em seu computador, uma ferramenta específica para a confecção de etiquetas de mala direta. Aprenda a usá-la corretamente, pois assim você ganhará tempo e seu trabalho, qualidade.

Tópicos gramaticais importantes

Expressões e palavras inadequadas

Homonímia é a relação entre duas ou mais palavras que, apesar de possuírem significados diferentes, têm a mesma estrutura fonológica. Vamos apresentar, a seguir, algumas palavras homônimas para que você possa produzir textos com qualidade, ou seja, sem erros gramaticais.

As homônimas podem ser:

- **homógrafas heterofônicas** (ou homógrafas): são as palavras iguais na escrita e diferentes na pronúncia.

   Exemplos:
   gosto (substantivo)
   gosto (1.ª pess. sing. pres. ind. – verbo gostar)
   conserto (substantivo)
   conserto (1.ª pess. sing. pres. ind. – verbo consertar)

- **homófonas heterográficas** (ou homófonas): são as palavras iguais na pronúncia e diferentes na escrita.

   Exemplos:
   cela (substantivo)
   sela (verbo)
   cessão (substantivo)
   sessão (substantivo)
   cerrar (verbo)
   serrar (verbo)

- **homófonas homográficas** (ou homônimas perfeitas): são as palavras iguais na pronúncia e na escrita.

  Exemplos:

  cura (verbo)

  cura (substantivo)

  verão (verbo)

  verão (substantivo)

  cedo (verbo)

  cedo (advérbio)

Palavras homófonas

- Cesta = utensílio de vime ou de outro material.
  Sexta = ordinal referente a seis.
- Cheque = papel com ordem de pagamento.
  Xeque = lance no jogo de xadrez; ex-soberano da ex--Pérsia (atual Irã); perigo.
- Cocho = vasilha, recipiente onde se colocam alimentos ou água para animais.
  Coxo = que manca de uma perna.
- Coser = costurar.
  Cozer = cozinhar.
- Empoçar = formar poça.
  Empossar = dar posse a.
- Intercessão = ato de interceder.
  Interseção = ponto onde duas linhas se cruzam.
- Ruço = pardacento, alourado.
  Russo = relativo à Rússia.
- Tacha = pequeno prego, tacho grande.
  Taxa = imposto, juros.
- Tachar = censurar.
  Taxar = regular, determinar a taxa.

Exercícios

1) Você foi escolhido(a) para acompanhar auditores em todas as filiais da empresa onde você trabalha. Eles fazem a auditoria e recolhem dados e informações a serem repassados à direção da empresa. Pedem para que você redija o relatório. Redija-o, para que eles possam lê-lo e assiná-lo.

2) O seu chefe pediu que você elaborasse um esboço de mala direta da empresa para enviar aos clientes preferenciais, anunciando um novo produto. Você terá de identificá-los nos arquivos e confeccionar, além da mala direta, as etiquetas.

3) Preencha os espaços com as palavras corretas:

   a) Mário pagou o valor da .... que constava no documento. (tacha/taxa)

   b) O .... foi muito bonito. (concerto/conserto)

   c) Vou .... um pernil para comemorar o meu aniversário. (cozer/coser)

   d) Pretendo comprar uma nova ...., pois a que uso já está velha. (cela/sela)

   e) O presidente da Câmara Municipal vai .... um novo vereador. (empoçar/empossar)

oi

fac-símile (fax), aviso, circular e contrato

✳ ✳ ✳

Você viu como confeccionar relatório e mala direta, além de ter relembrado o que são as palavras homófonas (mesmo som) e homógrafas (mesma grafia), para poder melhor redigir seus textos. Agora, você verá como elaborar fax, contrato, aviso e circular. Os verbos (tempo e modo) já foram estudados, mas é importante que você relembre o que chamamos de regência verbal. Você também aprenderá mais algumas expressões que podem gerar dúvidas e erros em seus textos.

Trata-se mais de um instrumento de comunicação do que propriamente de um tipo de correspondência. Normalmente, usa-se essa ferramenta como uma fotocopiadora a distância de correspondências como memorandos, circulares etc.

Apesar de estarmos vivendo em plena era da informática, nem todas as empresas e instituições públicas ou privadas têm acesso a computadores. Algumas sequer possuem aparelhos de fax, mas é importante conhecermos os diversos instrumentos comunicacionais disponíveis.

A seguir, disponibilizamos um modelo de formulário de fax, normalmente usado em instituições públicas e privadas.

Modelo de fax

Nome do remetente:

Endereço para correspondência:

Telefone para contato:

Assunto:

Número total de páginas transmitidas:

Aviso

Trata-se de um comunicado em que uma pessoa informa algo para outra. É empregado no comércio, no serviço público, em bancos e na indústria.

Seu objetivo é ordenar, prevenir, noticiar, convidar etc. A forma mais conhecida de aviso é a que o empregador avisa ao empregado sobre a rescisão do contrato de trabalho (aviso--prévio). O empregado também pode avisar o empregador sobre a sua decisão de encerrar o contrato de trabalho.

Já que a principal função do aviso é comunicar com rapidez e eficácia, com o objetivo de economizar tempo e burocracia, o texto deverá ser breve e a linguagem, bastante clara.

Circular

É um tipo de comunicação que serve para transmitir avisos, ordens ou instruções. Normalmente, o assunto de uma circular é de interesse geral. Como o próprio nome já sugere, esse tipo de comunicação deve "circular" pelos diversos departamentos de uma empresa ou órgão público. Seu texto é informal e direto, dispensam-se as formalidades. A circular é reproduzida na quantidade necessária, por meio de xerox, fax, *e-mail* ou outro meio. É, portanto, correspondência multidirecional.

Na circular, não consta destinatário, pois ela não é unidirecional. O endereçamento vai no envelope. Por outro lado, se um memorando, um ofício ou uma carta forem dirigidos multidirecionalmente, serão chamados de **memorando circular**, **ofício circular** e **carta circular** respectivamente.

O público da circular pode ser interno, misto e externo, este último em pequena escala, principalmente quando a circular é transformada em mala direta.

Externamente, é utilizada para comunicar mudanças de endereço, abertura de novas filiais, alterações de preços, lançamentos de novos produtos etc.; internamente, é utilizada para comunicar férias coletivas, alterações no horário de trabalho, bem como outros fatos que sejam do interesse de todos dentro da empresa.

Modelo de circular

CIRCULAR

Senhores:

Nossa empresa desenvolve suas atividades na área de prestação de serviços e está no mercado há mais de 20 anos. Objetivando melhorar a qualidade no atendimento aos nossos clientes, estamos oferecendo a todos os funcionários um curso, gratuito, de técnicas de atendimento ao público.

É do interesse da diretoria que todos participem, pois estamos cientes de que a concorrência no setor de prestação de serviços é grande e exige profissionais capacitados.

As inscrições estarão abertas a partir da próxima segunda-feira, dia 06 de junho de 2003, no Departamento Pessoal.

Leonardo da Vinci
Chefe do Departamento Pessoal

Contrato

Os contratos são documentos que resultam de um acordo entre duas ou mais pessoas que transferem uma para a outra algum direito ou se sujeitam a alguma obrigação.

Os contratos podem ser:

- **unilateral** ou **gratuito**: é o contrato em que uma parte (pessoa física ou jurídica) compromete-se a fazer ou doar alguma coisa e a outra parte aceita. Portanto, há obrigação apenas de uma das partes. As modalidades mais comuns são depósitos, doações etc.;

- **bilateral** ou **oneroso**: as partes transferem mutuamente alguns direitos e reciprocamente os aceitam, ou seja, duas ou mais pessoas obrigam-se a realizar algo. As formas mais comuns são prestação de serviços, sociedades comerciais, fornecimento de material etc.;
- **comutativo**: aquele em que a coisa que cada uma das partes se obriga a dar ou fazer equivale à que tem de receber;
- **aleatório**: aquele em que o lucro que se há de receber do contrato é incerto;
- **social**: acordo tácito ou expresso entre o governante e os governados.

Não pretendemos aprofundar-nos em conceitos de contratos. Nossa intenção é que você pelo menos tenha uma noção do que seja um contrato e da sua importância.

Tópicos gramaticais importantes

Regência verbal 1

Há verbos intransitivos, que têm sentido completo e não necessitam de complemento. Outros, porém, os transitivos, precisam de complemento por não terem sentido completo.

A ligação entre os verbos transitivos e seus complementos pode ser feita diretamente, ou seja, sem o auxílio de preposição. Tudo vai depender da regência do verbo.

Regência é a relação necessária que se estabelece entre duas palavras, uma das quais servindo de complemento a outra (dependência gramatical).

- **Termo regente**: palavra principal a que outra se subordina (verbo).

- **Termo regido**: palavra dependente que serve de complemento e que se subordina ao termo regente.

Assim, a relação entre o verbo (termo regente) e o seu complemento (termo regido) chama-se **regência verbal**, orientada pela transitividade dos verbos, que podem apresentar-se diretos ou indiretos, ou seja, exigindo um complemento na forma de objeto direto ou indireto.

Lembre-se de que o **objeto direto** é o complemento do verbo que se liga a ele diretamente, isto é, não possui preposição. Também pode ser representado pelos pronomes oblíquos **o**, **a**, **os**, **as**. Já o **objeto indireto** liga-se ao verbo acrescido de preposição e igualmente pode ser representado pelos pronomes **lhe**, **lhes**. Cuidado, porém, com alguns verbos, como **assistir** e **aspirar**, que não admitem o emprego desses pronomes.

Os pronomes **me**, **te**, **se**, **nos** e **vos** podem, entretanto, funcionar como objetos diretos ou indiretos.

O conhecimento do uso adequado das preposições é um dos aspectos fundamentais do estudo da regência verbal. As preposições são capazes de modificar completamente o sentido do que está sendo dito.

Exemplo:

Cheguei **ao** metrô.

Cheguei **no** metrô.

No primeiro caso, o metrô é o lugar a que vou; no segundo, é o meio de transporte utilizado por mim.

Um outro caso que ilustra muito bem o que dissemos é o verbo **namorar**. Ele é um verbo transitivo direto e apenas permite construções do tipo **namoro aquele belo rapaz**. Porém, quando falamos, preferimos construções como **namoro com aquele belo rapaz**. Observe que o uso da preposição **com** reforça a ideia de companhia, típica do ato de namorar. No entanto, a forma correta é a primeira.

Vamos agora estudar a regência de alguns verbos. Lembre-se de que estamos apresentando o padrão culto da língua, o qual é diferente da maneira como a maioria das pessoas falam e, muitas vezes, escrevem.

Regência de alguns verbos

- **Abraçar**: pede objeto direto.

    Exemplos:
    Abracei minha irmã com afeto em seu casamento.
    Pelo meu elogio, Pedro abraçou-me agradecido.

Atenção!
Esse verbo pode aparecer com outras regências que não mudam o sentido da frase, mas introduzem características especiais de significação.

Exemplos:
Meio tonto, Lucas abraçou-se ao poste.
Para caminhar com mais apoio, Ana abraçou-se em mim.
Comemorando a vitória, Luís abraçava-se com o pai.

- **Aconselhar**: pede objeto direto e indireto no sentido de "dar e tomar conselhos, entrar em acordo".

    Exemplos:
    Aconselho você a não sair de casa hoje por causa da chuva.
    Aconselhei à Isabel um bom caminho para ir à praia.
    Aconselhamos João sobre os malefícios do fumo.
    Aconselhei-me com o juiz sobre o meu processo.

- **Agradar**: pede objeto direto no sentido de "acariciar, fazer agrados".

Exemplos:

Sempre agradei meus namorados com meus elogios.

- **Agradar**: pede objeto indireto no sentido de "ser agradável, contentar, satisfazer".

Exemplos:

A resposta não agradou ao professor.
Tenho certeza de que este livro não lhe agradará.
A piada não agradou à plateia.

- **Agradecer**: pede objeto direto e indireto (agradecer alguma coisa a alguém).

Exemplos:

Agradeci a Deus a cura de minha mãe.
Agradeceu-me comovido o presente.

- **Ajudar**: pede objeto direto e indireto.

Exemplos:

Ajudo meu irmão em seu escritório.
Ajudei-o a resolver aqueles problemas.

- **Apoiar-se**: pede objeto indireto.

Exemplos:

Para não cair, Carlos apoiou-se ao muro.
Apoiamo-nos em documentos para provar o que dissemos.
Apoiei-me sobre a perna direita ao descer do ônibus.

- **Antipatizar/simpatizar**: pedem objeto indireto, iniciado pela preposição **com**.

Exemplos:

Antipatizei com aquela secretária.
Simpatizo com as ideias daquele partido.

Esses verbos não são pronominais. Assim, não se deve dizer: **antipatizei-me com ela** ou **simpatizei-me com ela**.

- **Aspirar**: pede objeto direto quando significa "respirar, sorver, absorver".

    Exemplos:
    Aspirei muita poeira, limpando aqueles livros velhos.
    Ao abrir a janela, aspirei o ar puro da manhã.

- **Aspirar**: pede objeto indireto no sentido de "ambicionar, pretender, desejar".

    Exemplos:
    Ele sempre aspirou ao cargo de presidente da República.
    Todos aspiram a uma vida melhor.

    Nesse caso, não se admite o pronome átono **lhe**, que deve ser substituído pelas formas **a ele**, **a ela** etc.

    Exemplo:
    Aquele aumento de salário?! Aspiro a ele desde o ano passado.

Exercícios

1) Você é assessor do diretor administrativo de uma empresa prestadora de serviços médicos. Normalmente, os funcionários plantonistas trabalhavam 24 horas e descansavam 48 horas. Após reunião de diretoria, ficou decidido que não mais haverá plantonistas, pois a empresa contratará novos funcionários e a jornada de trabalho será por turnos. Seu chefe pede a você que redija uma circular comunicando a todos sobre essa decisão, pois você trabalha na matriz e há seis filiais na cidade. Portanto, elabore uma circular informando aos seus colegas de trabalho a nova política da empresa.

2) Em função da regência verbal, assinale a alternativa correta:
   a) ( ) O pai agradava o filho antes de sair para o trabalho.
   b) ( ) Aspirei com força ao perfume da feijoada.
   c) ( ) Simpatizei-me com a esposa do meu chefe.
   d) ( ) A decisão não agradou o diretor.
   e) ( ) O filme não agradou o rapaz.

3) Não haverá expediente amanhã. Seu chefe pede que você redija um aviso e, após redigi-lo, coloque-o em um lugar onde todos possam vê-lo.

4) Você é diretor de vendas da empresa Motores Zoom. Um cliente pede que sejam encaminhados para ele documentos referentes às compras que efetivou no mês de abril de 2002. Ele tem urgência no recebimento desses documentos. Encaminhe-os via fax.

* * *

no

ve

e-mail e telegrama

✱✱✱

Você aprenderá as regras para a confecção de e-mail *e* telegrama. *A regência verbal continua sendo abordada neste capítulo e, como não podia deixar de ser, revisaremos concordância verbal.*

A internet já é um canal de comunicação bastante usado em todos os setores, pois economiza tempo. Mais uma vez ressaltamos a importância do aprendizado de informática. Dizem alguns filósofos que estamos vivendo a era da comunicação. Você não quer ser considerado(a) um(a) profissional ultrapassado(a), quer? Não podemos esquecer que temos de conhecer todas as formas de comunicação existentes.

Pois bem, pensando em atualizar seus conhecimentos, vamos falar sobre o *e-mail*. Essa é uma palavra inglesa que significa "correio eletrônico". O *e* é abreviatura de *eletronic*, e *mail* significa "correio".

O *e-mail* é a alternativa mais rápida e econômica para enviar um texto para um ou mais leitores, pois pode-se enviar a cópia de um texto para a quantidade de leitores que a necessidade e a vontade determinarem. É importante ressaltar que, atualmente, quase todas as correspondências são efetuadas via *e-mail*.

Existem algumas regras para que essa ferramenta seja bem aproveitada. Abaixo estão algumas delas:

- o *e-mail* deve ser objetivo e conciso, como exige a comunicação pela internet;
- pessoas que recebem esse tipo de correspondência fazem triagem por assunto. Portanto, preencha sempre a linha destinada ao assunto;
- evite abreviaturas, piadas e brincadeiras. No mundo dos negócios, não há espaço para isso;
- *e-mail*, quando enviado profissionalmente, é um documento importante como outro qualquer. Não seja informal e procure não cometer erros gramaticais ou de digitação, mesmo que você conheça muito bem o destinatário. Lembre-se de que se trata de mais um tipo de correspondência comercial. Quando você quiser tratar de assuntos pessoais, envie uma correspondência para o *e-mail* pessoal da pessoa amiga.

Telegrama

Trata-se de uma mensagem escrita, transmitida por telegrafia. Mais especificamente, é um meio de comunicação rápido, empregado em casos mais urgentes. É um processo de telecomunicação destinado à transmissão de escritos pelo uso de um código de sinais.

A linguagem do telegrama deve ser elaborada, clara e compreensível com o auxílio de código ou sem ele. É possível abreviar, reduzir palavras e usar determinadas formações. São elas:

- **ateh** – até;
- **lah** – lá;
- **eh** – é;
- **impago** – não pago;
- **vossia** – Vossa Senhoria;
- **avbrasil** – Avenida Brasil;
- **lan** – lã;
- **et** – e;
- **sds** – saudações;
- **reseu** – em resposta a seu telegrama, recebi seu telegrama.

São requisitos considerados essenciais na redação do telegrama:

- texto claro e objetivo;
- preferência por formas simples em detrimento das compostas. Exemplo: **comprou** ao invés de **havia comprado**;
- não permite a divisão de palavras;
- deve ser escrito em caixa-alta, ou seja, letras maiúsculas;
- não se coloca hífen, mesmo que as palavras tenham. Exemplo: **escrevame**;
- não se coloca acento, conforme você pode observar nas formações de palavras específicas para telegramas, citadas anteriormente. Exemplo: **amanham** (amanhã);
- não se usa preposição;
- a pontuação é escrita, conforme especificado a seguir:
  vg – vírgula;
  pt – ponto;

ptvg – ponto e vírgula;
bipt – dois-pontos;
int – interrogação;
abraspas – abrir aspas;
fechaspas – fechar aspas.

Eventualmente, você tem de enviar telegramas, sendo os mais comuns os de pesar (falecimento de alguém) ou de felicitações. Pode-se passar o telegrama sem sair do escritório. Disca-se o número do telegrama fonado (serviço disponibilizado pela companhia telefônica, que é cobrado em conta), dita-se o texto e pede-se uma cópia para eventual arquivamento.

Modelo de telegrama de pesar

MANIFESTAMOS PESAR PERDA ENTE QUERIDO PT
NOSSAS CONDOLÊNCIAS PT
Nome de quem está enviando

NOSSOS SENTIMENTOS PERDA ENTE QUERIDO PT
MUITA PAZ ET FEH PT
Nome de quem está enviando

Apesar de o telegrama estar em desuso, como já dissemos anteriormente, ele é um veículo emocional, sempre provoca um choque em quem o recebe. Você se lembra de como foi bom receber aquele telegrama de amor? Provavelmente você o guarda com todo o carinho.

Devemos saber qual o melhor veículo de comunicação usar para que nossa mensagem seja bem recebida pelo nosso destinatário.

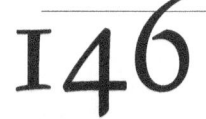

Tópicos gramaticais importantes

Regência verbal 2

Estudar a regência verbal permite a ampliação da sua capacidade de expressão, já que oferece oportunidade de conhecer os diversos significados que um verbo pode assumir com a simples mudança ou retirada de uma preposição. Portanto, é preciso que você saiba o uso adequado das preposições.

Preste atenção:

O estagiário assistiu um parto difícil. (**ele auxiliou, prestou assistência**)

O estagiário assistiu a um parto difícil. (**ele viu, presenciou**)

Como você deve ter notado, as preposições são capazes de modificar completamente o sentido do que está sendo dito.

Regência de alguns verbos

Há alguns verbos que admitem duas construções (transitiva direta e indireta), sem que isso implique modificação de sentido. Dentre os principais temos:

- **Abdicar**

    Exemplos:

    Abdicou as regalias do cargo.

    Abdicou das regalias do cargo.

- **Acreditar**

    Exemplos:

    Não acreditou a própria audácia.

    Não acreditou na própria audácia.

- **Almejar**

    Exemplos:

    Almejamos a paz mundial.

    Almejamos pela paz mundial.

- **Anteceder**

    Exemplos:

    Sua partida antecedeu uma série de fatos engraçados.

    Sua partida antecedeu a uma série de fatos engraçados.

- **Atender**

    Exemplos:

    Atendeu os meus conselhos.

    Atendeu aos meus conselhos.

Concordância verbal

Em gramática, damos o nome de **concordância verbal** à circunstância de um verbo variar em número e pessoa de acordo com o seu sujeito.

Para falar em concordância, devemos relembrar a sintaxe, pois a regra geral de concordância verbal leva em consideração os termos essenciais da oração. Vamos relembrar tais termos de maneira rápida e fácil.

Já vimos anteriormente o que é uma oração. Os termos essenciais da oração são os termos básicos que a compõem, ou seja, sem eles não há oração. São eles o **sujeito (termo da oração que pode sofrer uma ação, praticá-la, assumir ambas as posições ou deixar de praticá-la e recebê-la)** e o **predicado (é tudo o que se declara de um sujeito; essa é a função do verbo)**. Há, portanto, uma íntima relação entre os dois termos, daí o verbo concordar em número e pessoa com o sujeito, tornando-se fundamental reconhecer o núcleo deste último.

Apresentamos, a seguir, as principais regras de concordância verbal.

1) Quando o sujeito for simples (um único núcleo), a concordância será direta e não é difícil.

Exemplos:

O <u>músico</u> <u>tocou</u> uma bela música.
   singular   singular

Os <u>músicos</u> <u>tocaram</u> uma bela música.
   plural   plural

2) Quando o sujeito for composto (apresentar mais de um núcleo), o verbo irá para o plural.

Exemplos:

Pedro e José foram ao baile.
(sujeito composto: **Pedro e José**)

Eu e ele dividimos a conta do jantar.
(sujeito composto: **eu e ele**)

3) Em alguns casos, apesar de o sujeito ser composto, o verbo pode aparecer no singular ou no plural. A concordância dependerá da ênfase que se queira dar ao sentido da frase ou a um dos núcleos do sujeito.

Exemplos:

Pedro ou **Paulo** irá buscar Marina.

O verbo aparece no singular porque a conjunção **ou** tem valor de exclusão: apenas um deles vai buscar Marina.

Um olhar, uma carícia, um beijo era suficiente.

Aqui há uma gradação, permitindo a concordância com o último núcleo.

4) Quando o núcleo do sujeito for um substantivo só usado no plural, o uso comum obedece à seguinte regra: se o substantivo aparecer precedido de artigo no plural, o verbo irá para o plural; não aparecendo o artigo, o verbo ficará no singular.

Exemplos:

Memórias de um sargento de milícias **é** a melhor crônica do Brasil de D. João VI.

As *Memórias de um sargento de milícias* **são** a melhor crônica do Brasil de D. João VI.

5) Quando o sujeito for o pronome relativo **que**, o verbo concordará em número e pessoa com o antecedente (com o termo que o pronome relativo substitui).

Exemplo:

Fui **eu que mandei** as rosas. (Eu mandei as rosas.)

6) Os verbos impessoais não têm sujeito e só aparecem na terceira pessoa do singular (daí serem chamados de **impessoais**). Os verbos que indicam fenômenos da natureza enquadram-se nessa categoria.

Exemplo:

Choveu em Curitiba.

---

*Lembre-se de que o verbo **haver** no sentido de "existir" e os verbos **haver** e **fazer** quando indicam tempo transcorrido também são impessoais.*
Exemplos:
Havia três tigres na jaula.
Há 500 anos os portugueses chegavam a terras brasileiras.
Faz dez anos que não como carne vermelha.

Exercícios

1) A esposa do diretor da empresa em que você trabalha está fazendo aniversário. Redija e envie para ela um telegrama de felicitações.

2) Assinale a alternativa correta:
   a) ( ) Fazem anos que não vejo meus pais.
   b) ( ) Devem haver pessoas honestas nos Estados Unidos.
   c) ( ) Paulo ou Pedro será escolhido para o cargo.
   d) ( ) Aspiramos um aumento de salário.
   e) ( ) Haverão prêmios na festa da igreja.

3) Não .... razões para acreditarmos nele, pois .... provas suficientes e .... anotações memoráveis a seu favor.
   a) ( ) faltava – haviam – existiam
   b) ( ) faltavam – havia – existiam
   c) ( ) faltavam – haviam – existiam
   d) ( ) faltava – havia – existia
   e) ( ) faltavam – havia – existia

4) O seu chefe está em viagem para a Europa. Ele precisa urgentemente de informações disponíveis apenas na empresa – nome e endereço de todos os clientes da empresa na Alemanha, França e Inglaterra. Envie-lhe esses dados por *e-mail*. Ele também quer saber o volume de vendas efetuadas com esses clientes.

de

ordem de serviço e protocolo

* * *

Neste capítulo, o nosso tema será a elaboração de ordem de serviço e protocolo. Com relação aos tópicos gramaticais, abordaremos as regras de pontuação.

Ordem de serviço é o tipo de comunicação em que se determina a execução de tarefas. Em geral, encerra orientação precisa para o cumprimento de obrigações e serviços.

Podemos dizer que a ordem de serviço faz parte da rotina de uma instituição pública ou privada. Quando um funcionário está começando a trabalhar em determinado local, ele precisa saber quais são suas atividades diárias, principalmente quando não há uma rotina de tarefas.

As companhias telefônicas, por exemplo, trabalham com ordens de serviço (instalação de linhas telefônicas).

Modelo de ordem de serviço

ORDEM DE SERVIÇO

Horário e atividades de motorista

Empresa telefônica Fale Bem

07:30 – Início das atividades. Verificar qual o veículo a ser usado. Anotar a placa e a quilometragem.

08:00 – Levar o veículo para uma vistoria na oficina mecânica e para abastecimento.

10:00 – Buscar os técnicos de instalação de linhas e levá-los ao bairro Bacacheri.

12:00 – Almoço.

13:00 – Levar os técnicos do Bacacheri para o bairro Cabral.

15:30 – Abastecer novamente o veículo e levar os técnicos para o bairro Boa Vista.

17:00 – Retorno para o pátio da empresa.

17:30 – Preencher o formulário de atividades e especificar a quilometragem inicial e final do veículo utilizado para os serviços.

18:00 – Fim do expediente.

Protocolo

Na Antiguidade, protocolo significava a primeira folha que se colava aos rolos de papiro, com um resumo do conteúdo do texto manuscrito.

Hoje, seu significado mudou, pois é o registro dos atos públicos ou das audiências nos tribunais.

Você já entregou documentos em órgãos públicos ou já recebeu algum documento proveniente desses órgãos? Pois bem, aquele "caderno" no qual você assinou pela entrega ou recebimento dos documentos é chamado de **protocolo**.

Comercialmente, é assim denominado um livro de registro da correspondência de uma empresa ou um formulário em que se registra saída ou entrada de objetos e documentos.

É muito importante que no protocolo esteja registrada a data de recebimento ou de entrega de objetos ou documentos, seja dentro da própria empresa, seja fora dela.

Atualmente, há os protocolos informatizados. São efetuados por computadores, via internet. Muitas prefeituras estão adotando o protocolo informatizado, como é o caso da prefeitura de Vitória-ES. Os cidadãos acessam o *site* de cidades ou empresas (públicas ou privadas) e preenchem o campo do protocolo, no qual podem acessar o processo e obter informações sobre o seu andamento.

Tópicos gramaticais importantes

Pontuação

É o conjunto de sinais gráficos que possui basicamente duas funções: representar, na língua escrita, as pausas e a entoação da língua falada, na tentativa de reconstituir o movimento vivo, recursos rítmicos e melódicos que a oralidade possui, e dividir as partes do discurso que não têm entre si uma íntima relação sintática.

Vírgula

Empregar a vírgula não se constitui em um exercício respiratório, conforme alguns professores ensinam, isto é, não se coloca a vírgula conforme a sua pausa respiratória. Emprega-se a vírgula nos seguintes casos:

1) para separar termos da mesma função sintática.

Exemplos:

Pedro, João, Mateus e Tiago eram alguns dos apóstolos de Jesus. (Pedro, João, Mateus e Tiago exercem a mesma função sintática nessa oração, ou seja, a de **sujeito**.)

Ana vendeu um sofá, duas poltronas, uma estante e uma mesinha. (Sofá, poltronas, estante e mesinha funcionam, aqui, como **objetos diretos** da oração.)

Quando as conjunções **e**, **ou** e **nem** vierem repetidas numa enumeração, dando ênfase ao que se diz, costuma-se separar os termos coordenados.

Exemplos:

Abrem-se lírios, e jasmins, e rosas, e cravos...

Ou você presta atenção à aula, ou você conversa, ou você sai da sala.

Nem eu, nem tu, nem qualquer outra pessoa resolverá este caso.

Quando se usa a conjunção **ou** para indicar equivalência entre dois termos, pode-se ou não empregar uma vírgula antes da conjunção e outra depois da palavra que indica equivalência.

Exemplos:

Cláudia, ou sua irmã, deverá ser a oradora da turma.

Cláudia ou sua irmã deverá ser a oradora da turma.

Torna-se necessária a vírgula antes da conjunção **e** quando servir para separar orações coordenadas que tenham sujeitos diferentes.

Exemplos:

A primavera despertava as flores, e os coqueiros balançavam preguiçosos ao vento. (Neste exemplo, o **e** não está ligando flores a coqueiros, pois este termo é sujeito da forma verbal **balançavam**, e **flores** é objeto direto de **despertava**, que tem como sujeito a palavra **primavera**.)

2) para isolar o aposto explicativo.

Exemplos:

Alice, a diretora, estava muito feliz. (aposto = **a diretora**)

Joaquim José da Silva Xavier, o Tiradentes, foi enforcado por lutar pela nossa independência. (aposto = **o Tiradentes**)

3) para isolar o vocativo.

Exemplos:

Maria, por que não respondes? (vocativo = **Maria**)

Ajuda-me, Senhor, neste trabalho. (vocativo = **Senhor**)

4) para se separar a localidade da data e nos endereços.

Exemplos:

Curitiba, 11 de setembro de 2001.

Rua dos Repolhos, 200, ap. 1.101, Bosque das Araucárias.

5) para marcar a supressão do verbo numa oração (zeugma).

Exemplos:

Eu fui de ônibus; ela, de avião.

Os valorosos levam as feridas; e os venturosos, os prêmios.

6) para separar orações coordenadas assindéticas, isto é, separar orações que não apresentam conjunções que as interliguem.

Exemplos:

Acendeu um cigarro, cruzou as pernas, estalou os dedos.

Vim, vi, venci.

7) para isolar certas expressões exemplificativas e de retificação.

Exemplos:

Além disso, por exemplo, isto é, ou seja, a saber, aliás, digo, minto, ou melhor, ou antes, outrossim, com efeito, a meu ver, por assim dizer, por outra etc.

Casos em que não se deve empregar a vírgula

1) Não se deve separar por vírgula o sujeito de seu predicado, os verbos de seus complementos e destes os adjuntos adverbiais se vierem na ordem direta.

---

ordem direta = sujeito + verbo + complementos + adjuntos adverbiais

---

Exemplos:

Pedro, comprou um livro no sebo. (errado)

Pedro comprou, um livro no sebo. (errado)

Pedro comprou um livro, no sebo. (errado)

Pedro comprou um livro no sebo. (certo)

2) Segundo alguns gramáticos, não se deve colocar vírgula antes de **etc.**, pois se trata da abreviatura da expressão latina *et cetera*, que significa "e outras coisas", "e o resto", "e assim por diante". Nesse sentido, também é condenável o uso da conjunção **e** antes de etc.

Exemplos:

Sandra comprou blusas, calças, meias e etc. (condenado)

Sandra comprou blusas, calças, meias etc. (aceito)

Quando a frase termina com **etc.**, basta colocar um ponto, que acaba tendo duplo papel: o de marcar a abreviatura da expressão e o de encerrar o período. É o que se vê nos dicionários e no *Formulário Ortográfico Oficial*, em todos os casos em que se emprega essa abreviatura.

Ponto e vírgula

Esse sinal serve de intermediário entre o ponto e a vírgula, aproximando-se ora mais de um, ora mais de outro. Apesar da imprecisão desse sinal, pode-se estabelecer alguns empregos para ele:

1) separar orações coordenadas com certa extensão e que possuam a mesma estrutura sintática, sobretudo se possuem partes já divididas por vírgulas.

Exemplo:

Das graças que há no mundo, as mais sedutoras são as da beleza; as mais picantes, as do espírito; as mais comoventes, as do coração.

2) separar orações coordenadas assindéticas de sentido contrário.

Exemplo:

Cláudio é ótimo filho; Júlio, ao contrário, preocupa constantemente seus pais.

3) separar orações coordenadas adversativas e conclusivas quando se deseja (com o alongamento da pausa) acentuar o sentido adversativo ou conclusivo dessas orações.

Exemplos:

Pode a virtude ser perseguida; mas nunca desprezada.
Estudei muito; não obtive, porém, resultados satisfatórios.

Em certos casos, a ênfase dada a essas orações pode pedir o emprego do ponto em lugar do ponto e vírgula.

Exemplo:

O exame de Física foi bastante difícil. Entretanto, o de Português foi bem melhor.

4) separar os diversos itens de uma lei, decreto, portaria, regulamento, exposição de motivos etc.

Exemplo:

Artigo 187

O processo será iniciado:

I – por auto de infração;

II – por petição do contribuinte interessado;

III – por notificação, ou representação verbal ou escrita.

5) separar itens diferentes de uma enumeração.

Exemplo:

O Brasil produz café, milho, arroz; cachaça, cerveja, vinho. (Aqui gêneros alimentícios estão sendo separados de bebidas.)

6) separar os itens de uma explicação.

Exemplo:

A introdução dos computadores pode acarretar duas consequências: uma, de natureza econômica, é a redução de custos; a outra, de implicações sociais, é a demissão de funcionários.

Ponto

O ponto serve para indicar o término de uma oração absoluta ou de um período composto. Quando os períodos simples e compostos mantêm entre si uma sequência do pensamento, serão separados por um ponto chamado de **ponto simples**; o período seguinte que expressa uma consequência ou uma continuação do período anterior será escrito na mesma linha. Porém, se houver um corte, uma interrupção na sequência do pensamento, o período seguinte será iniciado na outra linha, sendo o ponto do período anterior chamado de **ponto parágrafo**. Finalmente, quando um ponto encerra um enunciado, dá-se o nome de **ponto final**.

O ponto serve, ainda, para abreviar palavras.

Exemplos:

V. S^a. = Vossa Senhoria; prof. = professor etc.

Dois-pontos

Emprega-se esse sinal nos seguintes casos:

1) antes de uma citação.

Exemplo:

Como ele nada dissesse, o pai perguntou:

— Queres ou não queres ir?

2) antes de uma enumeração.

Exemplo:

Tínhamos dezenas de amigos: Pedro, João, Carlos, Luís, mas nenhum deles entendeu nosso problema.

3) antes de uma explicação, uma síntese ou uma consequência do que foi enunciado ou, ainda, antes de uma complementação.

Exemplos:

A razão é clara: achava sua conversa menos interessante que a dos outros rapazes.

E a felicidade traduz-se por isto: criarem-se bons hábitos durante toda a vida.

Nos vocativos de cartas, ofícios etc., usa-se vírgula, ponto, dois-pontos ou nenhuma pontuação. Atualmente, os dois-pontos são os mais usados.

Exemplos:

Prezado Senhor,

Prezado Senhor.

Prezado Senhor

Prezado Senhor:

Ponto de interrogação

É um sinal que indica uma entoação ascendente. Emprega-se nos seguintes casos:

1) nas interrogações diretas.

   Exemplo:

   Quem vai ao teatro hoje?

2) pode-se combinar o ponto de interrogação com o ponto de exclamação quando a pergunta também expressar uma surpresa.

   Exemplo:

   Ana desmanchou o noivado de cinco anos.

   — Por quê?!

3) quando houver dúvida na pergunta, costuma-se colocar reticências após o ponto de interrogação.

   Exemplo:

   Então?... Qual o caminho que devemos seguir?...

Ponto de exclamação

Somente no contexto em que está inserida a frase exclamativa poderemos interpretar a intenção do escritor, pois são várias as possibilidades da inflexão exclamativa, como espanto, surpresa, alegria, entusiasmo, cólera, dor, súplica etc.

Normalmente, emprega-se o ponto de exclamação nos seguintes casos:

1) depois de interjeições ou de termos equivalentes, como os vocativos intensos, as apóstrofes.

   Exemplos:

   Ai! Ui! — gritava o menino.

   Credo em cruz! — gemeu Raimundo.

2) depois de um imperativo.

   Exemplos:

   Não vai! Volta, meu filho!

   Direita, volver!

Reticências

Empregam-se em casos muito variados como:

1) para interromper uma ideia, um pensamento, a fim de se fazer ou não, logo após, uma consideração.

   Exemplo:

   Quanto ao seu pai... às vezes penso... Mas asseguro-lhe que é verdade quase tudo que ouço por aí sobre homens que enriqueceram facilmente.

2) para marcar suspensões provocadas por hesitação, surpresa, dúvida ou timidez de quem fala e, ainda, certas inflexões de alegria, tristeza, cólera, ironia etc.

   Exemplos:

   Rapaz, veja lá... pensa bem no que vai fazer... — alertou o amigo.

   Você... aí sozinha... não tem medo de ficar na rua a esta hora?

3) para indicar que a ideia contida na frase deve ser completada pela imaginação do leitor.

   Exemplo:

   "Duas horas te esperei...

   Duas mais te esperaria...

Se gostas de mim, não sei...
Algum dia há de ser dia."

(F. Pessoa)

4) para indicar uma interrupção brusca da frase.

Exemplo:

(Um personagem corta a fala de outro:)
— A senhora ia dizer que...
— Nada... Esquece tudo isto.

Parênteses

São empregados para intercalar, num texto, qualquer indicação ou informação acessória de caráter secundário.

Exemplos:

1) Numa explicação:
Beto (tinha esse apelido desde criança) não gostava de viajar.

2) Numa reflexão, num comentário à margem do que se afirma:
Jorge mais uma vez (tinha consciência disso) decidiu seu destino ao optar pela mudança de país.

3) Numa manifestação emocional expressa geralmente em forma exclamativa ou interrogativa:
"Havia escola, que era azul, e tinha um mestre mau, de assustador pigarro... (Meu Deus! Que é isto? Que emoção a minha quando estas coisas tão singelas narro?)"

Aspas

São empregadas nos seguintes casos:

1) no início e no fim de uma citação ou transcrição literária.

Exemplo:

Fernando Pessoa nos revela, em um de seus poemas, que Júlio César definiu bem toda a figura da ambição quando disse: "Antes o primeiro na aldeia do que o segundo em Roma".

2) para fazer sobressair palavras ou expressões que, geralmente, não são comuns à linguagem normal (arcaísmos, neologismos, gírias etc.).

Exemplos:

Os escravos chamavam meu bisavô de "sinhô" ou "nhonhô".
O diretor daquela escola pública, para todos os alunos, era considerado "sangue bom".

Travessão

Emprega-se nos seguintes casos:

1) para indicar, nos diálogos, a mudança de interlocutor.

Exemplo:

— Você tem religião?
— Sim, a do Amor.

2) para isolar, num contexto, palavras ou orações intercaladas.

Exemplo:

O presidente declarou – e nem sabemos quanto lhe custou essa decisão – que estava renunciando.

3) para substituir um termo já mencionado (uso comum nos dicionários).

Exemplo:

pé, s. m.: parte inferior do corpo humano; de moleque: doce feito de amendoim.

Não esqueça que:
- *você só pontuará corretamente se dominar o sentido do texto;*
- *a atenção é fundamental para a correta pontuação;*
- *não há pontuação correta para frases malconstruídas.*

Exercícios

1) Você trabalha numa empresa prestadora de serviços, ou melhor, num hospital. Foi contratada uma nova faxineira, e o seu chefe, gerente administrativo, pediu que você elaborasse a ordem de serviço da nova funcionária.

2) Assinale a alternativa correta quanto à pontuação:
   a) ( ) Nós, eu e José, estudamos o verbo a crase, a concordância nominal e verbal.
   b) ( ) Nós, eu e José estudamos o verbo, a crase, a concordância nominal e verbal.
   c) ( ) Nós, eu e José, estudamos o verbo, a crase, a concordância nominal e verbal.
   d) ( ) Nós eu e José, estudamos o verbo, a crase, a concordância nominal e verbal.
   e) ( ) Nós, eu e José estudamos, o verbo, a crase, a concordância nominal e verbal.

3) Quanto à pontuação, a alternativa **errada** é:
   a) ( ) Maria, casada com João, é minha amiga.
   b) ( ) Carla, venha até aqui!
   c) ( ) Ele se saiu tão bem!
   d) ( ) Carlos Japonês (todos o chamam assim) não paga suas contas.
   e) ( ) Pedro amigo de Paulo é casado com minha irmã.

4) Assinale a alternativa com pontuação correta:
   a) ( ) Eu, posto que creia no bem não sou daqueles que negam o mal.
   b) ( ) Eu, posto que creia, no bem, não sou daqueles, que negam, o mal.
   c) ( ) Eu, posto que creia, no bem, não sou daqueles, que negam o mal.

d) ( ) Eu, posto que creia no bem, não sou daqueles que negam o mal.

e) ( ) Eu, posto que creia no bem, não sou daqueles, que negam o mal.

5) Indique a alternativa pontuada corretamente:

a) ( ) A enorme expansão demográfica, que começou no século XVIII, surge a mim etnólogo como um fenômeno capital.

b) ( ) A enorme expansão demográfica, que começou no século XVIII, surge a mim etnólogo como um fenômeno capital.

c) ( ) A enorme expansão demográfica, que começou no século XVIII, surge a mim, etnólogo, como um fenômeno capital.

d) ( ) A enorme expansão demográfica, que começou no século XVIII surge a mim etnólogo como um fenômeno capital.

e) ( ) Estão todas corretas.

* * *

bibliografia complementar

***

BENVENISTE, Émile. **Problemas de linguística geral II**. São Paulo: Pontes, 1989.

BURKE, Peter; PORTER, Roy (Org.). **Linguagem, indivíduo e sociedade**: história social da linguagem. São Paulo: Unesp, 1993.

FARACO, Carlos Alberto; TEZZA, Cristóvão. **Prática de texto**: língua portuguesa para nossos estudantes. Petrópolis: Vozes, 1998.

____. **Oficina de texto**. Petrópolis: Vozes, 2003.

FERREIRA, Aurélio Buarque de Holanda. **Novo Dicionário da Língua Portuguesa**. 2 ed. Rio de Janeiro: Nova Fronteira, 1986.

SANDMANN, Antônio. **A linguagem da propaganda**. São Paulo: Contexto, 1993.

VANOYE, Francis. **Usos da linguagem**: problemas e técnicas na produção oral e escrita. São Paulo: M. Fontes, 2002.

referências

***

BENVENISTE, Émile. **Problemas de linguística geral I**. 3. ed. São Paulo: Pontes, 1991.

FOLHA DE S. PAULO. **Manual geral de redação e estilo**. São Paulo: 1998.

SAUSSURE, Ferdinand de. **Curso de linguística geral**. 20 ed. São Paulo: Cultrix, 1997.

SILVA, Laine de Andrade. **Educação, saúde e trabalho indígena no contexto do livro didático (Paraná, séries iniciais, 1996-1997)**. Curitiba, 2004. 125 f. Dissertação (Mestrado em Educação) – Universidade Federal do Paraná.

respostas
***

Capítulo 1

1) Resposta pessoal.

2) c

3)
- A língua falada é mais espontânea, mais solta e mais natural.
- Quando falamos, usamos também nosso corpo e a própria entonação da voz como elementos no processo comunicativo.
- Já a língua escrita é um código mais elaborado e não é uma representação da língua falada.
- Ao escrevermos, usamos as regras gramaticais como elementos do processo comunicativo.

4) Resposta pessoal.

5) Balão: balões
   Capelão: capelães
   Sótão: sótãos
   Nação: nações
   Escrivão: escrivães
   Cidadão: cidadãos
   Cristão: cristãos
   Bênção: bênçãos

6) o – a – a – o – o – o – a – a – o – a – o

Capítulo 2

1)
   a) Os meus tico-ticos fugiram da gaiola.
   b) O padre mandou que eu rezasse ave-marias.
   c) Adorei o cheiro das suas águas-de-colônia.
   d) Somos os testas de ferro do presidente da empresa.
   e) Comprei uns lindos sofás-cama.

2) Resposta pessoal.

Capítulo 3

1) Resposta pessoal.

2)
   a) Esta caneta em minha mão é minha.
   b) Essa caneta na sua mão é sua?
   c) Esta comida é para mim?
   d) Este doce é para eu comer?

3) a

4)
   a) O casal me pediu que não se chamasse a polícia.
   b) Diga-me uma coisa: pode-se falar com o chefe?
   c) Tudo lhe sugeria que os amigos a estimavam.

Capítulo 4

1) d

2) Resposta pessoal.

Capítulo 5

1) Resposta pessoal.

2) Resposta pessoal.

3) d

4) e

Capítulo 6

1) Resposta pessoal.

2) Resposta pessoal.

3)
   a) como.
   b) em relação às.
   c) por intermédio.
   d) por meio.

4) Resposta pessoal.

Capítulo 7

1) Resposta pessoal.

2) Resposta pessoal.

3)
   a) taxa.
   b) concerto.
   c) cozer.
   d) sela.
   e) empossar.

Capítulo 8

1) Resposta pessoal.

2) a

3) Resposta pessoal.

4) Resposta pessoal.

Capítulo 9

1) Resposta pessoal.

2) c

3) b

Capítulo 10

1) Resposta pessoal.

2) c

3) e

4) d

5) c

Os papéis utilizados neste livro, certificados por instituições ambientais competentes, são recicláveis, provenientes de fontes renováveis e, portanto, um meio **responsável** e natural de informação e conhecimento.

Impressão: Reproset